Manuel Rubey

Einmal noch
schlafen, dann
ist morgen

Manuel Rubey

EINMAL NOCH SCHLAFEN, DANN IST MORGEN

~

Loblied auf das Jetzt

Mitarbeit

Doris Priesching

MOLDEN

Für Stefanie, Ronja und Luise

Inhalt

THE END

---

* Der Plural von Hybris ist natürlich Hybris

DIE
PSEUDOWEIRDOS
PROBEN NOCH
ICH WURDE SO
GEBOREN
VON SEINEM POSTER
GRINST VAN GOGH
BIS ÜBER BEIDE
OHREN.

BLUMFELD

Vorwort

Liebe Leserin, lieber Leser,

danke, dass Sie dieses Buch erstanden haben.

Jetzt schreibt er auch noch ein Buch! Warum denn das? Also gut: Wenn ich an meine Kindheit zurückdenke, so gab es im Wesentlichen vier Dinge, die mich interessierten, die mich begeisterten, die mir weiterhalfen, die Welt ein bisschen besser zu verstehen, oder zumindest eine Ahnung von ihr und unserer komischen, wunderlichen Existenz zu bekommen:

FRÜHKINDLICHE LISTE
1) Mich verkleiden
2) Komikern bei der Arbeit zusehen
3) Lesen
4) Diskutieren

Ich liebe Listen. Listen sind der absurde Versuch, Ordnung zu schaffen. Ordnung ist mir wichtig. Sehr wichtig. Seit ich denken kann, versuche ich das Chaos zu besiegen, mein Leben unter Kontrolle zu kriegen. Ich weiß, dass ich diesen Kampf verlieren werde. So wie ich auch eines Tages den Kampf gegen den Tod verlieren werde. Genauso wie Sie übrigens. Aber eben erst eines Tages, und wenn wir bis dahin die Zeit gut nützen, ist so ein Leben eh ganz schön lang. Und auch ganz schön gut, wie ich finde. Also meistens zumindest.

FERDINAND VON SCHIRACH
Wir gehen unser ganzes Leben auf dünnem Eis, und wenn wir Glück haben, bricht es erst ganz spät. Aber nur wenn wir Glück haben.

Schirach ist gleich die erste Empfehlung. Lesen Sie alles von ihm. Er wird in hundert Jahren einen Stellenwert wie Franz Kafka oder Albert Camus haben. Das prophezeie ich. Ich habe gut reden, werden Sie jetzt sagen, weil in hundert Jahren mir niemand nachweisen wird können, wenn ich falsch lag. Schirach auch nicht. Wozu also dieses Buch? Weil ich es so will, und weil es mir ein Anliegen ist. Weil ich Buchstaben über alles liebe, und weil ich so gerne all die schönen Sätze weitergebe, die ich lese.

Ich habe große Skepsis meinen Gedanken gegenüber. Kann ich den Dingen trauen, die ich denke? Ein gutes Mittel, mich zu vergewissern, ist das Schreiben. Es gibt Situationen, die mich nachhaltig verwirren, zum Beispiel jede Form von Rechthaberei. Mich irritieren Menschen, die immer das letzte Wort haben müssen. Mich irritieren auch Achtlosigkeit und Gleichgültigkeit, ich bin zutiefst verwirrt über Egoismus, der über alles und jeden drüberfährt, und mich verwirrt. Dummheit, ja ganz besonders verwirrt mich Dummheit. Sie merken schon, ich bin relativ oft verwirrt, und wenn das der Fall ist, setze ich mich hin und schreibe, bis eine vertrauenserweckende, kluge, klare Person auf dem Papier auftaucht. Irgendwie werde ich dann manchmal zu ihr und kann mich selbst klären und widerlegen. Es verhilft mir zur Klärung und oftmals zu dem laut ausgerufenen Satz: Was interessiert mich mein blödes Geschwätz von gestern!

Ich glaube an die Wirkkraft von Erzählungen – sei es in einem Buch, auf einer Bühne, bei einer Serie, in einem Film: Ich bin davon überzeugt, dass wir von guten Geschichten abhängig sind. Wir sind gierig danach und können gar nicht genug bekommen. Das steckt in uns drinnen, ebenso wie der unbändige Drang, die Erfahrung unsere guten Geschichten mit Menschen teilen zu wollen, die wir lieben. Man nennt es Mundpropaganda, und ich bin demütig und dankbar, dass es viele gibt, die sich für mich und meine Arbeit interessieren. Ich kann sogar sagen, das macht einen tiefen Eindruck auf mich. Nicht nur finanziell ☺.

Ich möchte gerne ein paar meiner Eindrücke und Gedanken mit Ihnen teilen. Vieles, das in diesem Buch abgedruckt ist, hat mir weitergeholfen. Vielleicht geht es Ihnen ähnlich. Dies soll aber keinesfalls ein esoterischer Ratgeber werden. Esoterik ist mir genauso nah wie Astrologie und Homöopathie. Also ich finde, Homöopathie ist die zweitbeste Form der Medizin, so wie die Scheibe die zweitbeste Form der Erde und Kaffeesudlesen die zweitbeste Form der Wissensvermittlung ist.

Ich liebe das Spiel mit der Wahrheit. Das ist die Chance, meine Privatheit, diesen allerengsten Kern zu schützen. Aber Sie, liebe kluge Lesende, interessieren sich zu meiner Freude da eh nicht so dafür. Es wäre übrigens viel einfacher, ein Tagebuch zu schreiben und das auf die Bühne zu bringen oder die Seiten eines Buches damit zu bedrucken. Wäre aber langweilig. Es muss natürlich *bigger than life* sein. Sonst wäre es ja auch keine Arbeit, sondern Big Brother.

PETER BICHSEL
Aber verzichten Sie bitte darauf, mich auf Autobiografisches anzusprechen. Ich werde alles abstreiten und auf meinem Recht auf Fiktion beharren.

Das schönste Kompliment, das ich beruflich jemals bekommen habe, kam von Josef Hader. Er sagte in einem Interview mit der Zeitschrift *Tele*.

JOSEF HADER
Manuel Rubey ist ein hochinteressanter Schauspieler, bei dem man als Zuschauer nie genau weiß, woran man ist. Er hat immer ein Geheimnis.

Ich werde nicht alles offenlegen, wir sind schließlich nicht im Privatfernsehen. Aber ich möchte Sie, liebe Leserin, lieber Leser, an den Dingen teilhaben lassen, die mir wichtig sind. Und seien Sie versichert: Ich gebe natürlich viel preis. Immer.

Ich wollte ursprünglich ein Buch über Faulheit schreiben, dann merkte ich, dass das Weglassen, die Reduktion viel eher gemeint sind. Dass auch eine Qualität darin liegen kann, weniger zu machen und langsamer zu werden. Wir hatten auch schon einen Titel: *Rubey hört auf*. Ich wollte all meinen Helden huldigen, die das Aufhören zur Maxime gemacht haben. Von Bartleby aus Melvilles Kurzgeschichte, der sich mit den Worten »I would prefer not to« stets aus der Affäre zu ziehen weiß. Oder von meinem Lieblingscomic Gaston, der genialische Büroangestellte von Franquin, bis hin zu Pessoa und Groucho Marx.

Wir wollten kluge Menschen befragen, und am Ende hätte rauskommen sollen, dass wir sehr wahrscheinlich schon in nicht allzu ferner

Zukunft eine 20-Stunden-Woche brauchen, um bei Vollbeschäftigung zu bleiben und dies sehr wohl auch zu finanzieren sei. Also unter dem Deckmantel der Faulheit hätte sich unter anderem ein politisches Manifest verborgen, das eine friedvolle Revolution der Langsamkeit, des Weglassens und der Menschenwürde vorgeschlagen hätte. So der Plan. Man wird ja noch Visionen haben dürfen. Wenn diese zu stark werden, empfehle ich übrigens durchaus Antidepressiva (dies ist an anderer Stelle nachzulesen).

Dann kam Corona, und fast von einem Tag auf den anderen waren all die klugen Ideen, das Fest der Langsamkeit, der Spaß an der Reduktion vom Tisch. Weil wir ja alle zusammen mit allem aufhören mussten.

Die Corona-Krise trifft die Welt in einer verwundbaren Zeit. Erderhitzung, wachsender Nationalismus, bröckelnde Demokratien, Flucht. Zum Zeitpunkt, da ich diese Zeilen schreibe, ist noch nicht abzusehen, wie die Geschichte ausgehen wird. Ob wir etwas begriffen haben werden und vielleicht auch das eine oder andere an positiver Erkenntnis mitnehmen. Zum Beispiel, dass es vielleicht doch auf so altmodische Begriffe wie Würde, Gleichheit und Respekt ankommt? Auf Solidarität zwischen Menschen, Generationen und Staaten? Haben wir erkannt, dass es der Markt eben nicht regelt? Also er regelt es schon, aber dann bleiben einfach tatsächlich sehr viele auf der Strecke. Oder wird es so ausgehen, dass sich alles noch weiter zurückzieht in nationale Kleingartensiedlungen und patriotische Egoismen? Ich habe natürlich keine Ahnung. Aber ich habe für mich aus den Wochen der Isolation mitgenommen, dass es vielleicht gar nicht so sehr um Reduktion geht, sondern vielmehr um fokussierte Verlangsamung. Dann fallen ganz automatisch Dinge weg, die wir in unserem Leben vielleicht nicht mehr brauchen und haben wollen. Die 20-Stunden-Woche ist damit ganz und gar nicht vom Tisch, wir brauchen sie meiner Meinung nach dringender denn je. Und viele sehen in Zeiten der Kurzarbeit, dass es geht, und dass es Möglichkeiten gibt, weniger zu arbeiten und trotzdem gut und verantwortungsvoll zu wirtschaften. Die Krise zeigt, dass unsere Pläne und Lebensentwürfe uns jederzeit um die Ohren fliegen können, und dass schließlich und letzten Endes nur der Moment und die Gegenwart bleiben. Das ist natürlich nichts Neues, aber trotzdem die Lösung.

Der Titel dieses Buches

EINMAL NOCH SCHLAFEN, DANN IST MORGEN

stammt von meiner Tochter. Und das trifft es. Es ist das stärkste Ja zum Leben, das ich wahrscheinlich je gehört habe. Wir nehmen diesen Tag. Soll er nur kommen. Wir heißen ihn willkommen. Wir wissen nicht, was in zwei Wochen sein wird, aber wir wissen, dass wir jetzt gerade am Leben sind. Und das ist gut. Oder wie Kid Kopphausen singen:

KID KOPPHAUSEN
Jeder Tag ist ein Geschenk, er ist nur scheiße verpackt.

Kaum etwas ist absurder als das Beharren auf nationalen Grenzen. Das Virus fraß sich in kurzer Zeit durch die Welt und brachte stabile Gesellschaften an den Rand des Zusammenbruchs. Bereits ins Wanken geratene Demokratien wurden zu Autokratien oder Diktaturen. Es zeigt sich, dass wir in einer synchronen Gleichzeitigkeit leben. In einer existenziellen Abhängigkeit von weltweiten Produktionsketten, Versorgungsketten, Lieferketten, und ja, auch Verantwortungsketten. In der zusammengewachsenen Welt mutiert ein lokales Risiko über Nacht zu einem globalen Problem. Es ist an der Zeit, zu erkennen, dass es keine Provinz mehr gibt, außer in unseren Köpfen. Mein Nachbar im Waldviertel ruft über den Zaun hinweg zu mir rüber.

DER NACHBAR
Du, Schauspieler, waaßt du, was das beste Rezept jetzt gegen die Krise ist? Selbstgebrannter! Der liebe Augustin war so fett in der Pestgrube, dass alle geglaubt haben, er is scho tot, daweil hat er nur seinen Rausch ausgeschlafen.

Mehr dazu in Kapitel 11.

Wir brauchen Geschichten, und wir brauchen Humor. Poesie ist die schöne Illusion, die uns glauben macht, wir können zärtlich und zivilisiert sein, habe ich einmal gelesen. Und um uns darauf einzulassen, brauchen wir Zeit und Langsamkeit. Ich wünsche Ihnen schöne, hoffentlich erhellende und überraschende Stunden mit diesem Buch.

NERDS, DIE UNSERE WELT RETTEN KÖNNTEN
(frei nach Sybille Berg)

Lisa Simpson

André Heller

Helene Klaar

Ankathie Koi

Miranda July

Gaston

Monk

Daniel Düsentrieb

Christine Baranski

Sybille Berg

Meine Freunde

(mehr dazu gleich in Kapitel 2)

Prolog

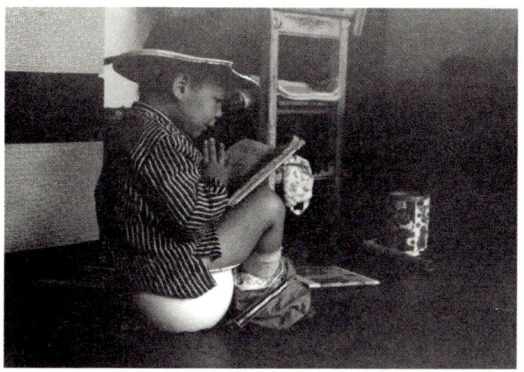

DIESES BILD FASST MEINE **KINDHEIT**
EIGENTLICH GANZ GUT ZUSAMMEN.

Lesen, Verkleiden, Sitzen und Sitzungen. Wenn man genau hinsieht, liegt auch eine Ersatzlektüre parat. Des Weiteren sagen die Menschen, die mich seit damals kennen – also meine Eltern –, dass ich diese Geste auf der Bühne immer noch mache.

Ich konnte mit anderen Kindern nicht viel anfangen, und auch deren Spiele haben mich nicht interessiert. Am liebsten diskutierte ich mit Erwachsenen oder gab Theatervorstellungen zu völlig überzogenen Eintrittspreisen. Mein Vater hat ein paar Dinge mitgeschrieben, die ich so von mir gab. Zwei Zitate erscheinen mir erwähnenswert, weil sie irgendwie auch zeigen, dass ich mich kaum weiterentwickelt habe:

MANUEL ALS 3-JÄHRIGER

(am Begräbnis der Urgroßmutter)
Sterben muss schiach sein, weil da kriegt man
Erde in die Augen.

MANUEL ALS 5-JÄHRIGER

Ich will Formel-1-Fahrer werden, weil das ist ein Beruf, der im Sitzen ausgeführt wird. Außerdem ist man berühmt und verdient viel Geld.

SCHON WIRD ES HEIKEL

Mein 16-jähriges Ich wohnt zwei Türen weiter oder Was das Aufräumen mit meinem Beruf und dem Scheitern zu tun hat

---

* Wie Sie, hochgeschätzte LeserInnen, erkennen können, bin ich schon am Finden eines knackigen, aber trotzdem nicht zu banalen Titels für dieses Kapitel gescheitert.

Sie hängt die Nirvana T-Shirts sehr akkurat auf den Kleiderständer und stellt diesen auf den Gang, vor die Bassena. Das Mietshaus, in dem ich lebe, ist zwar so alt, dass der berühmte *Bassenatratsch* hier bestimmt stattgefunden hat, aber das ist lange her, und deshalb traue ich mich nicht, meine Nachbarin, mein 16-jähriges Ich, das gerade wieder ihren Wäscheständer auf den Gang gestellt hat, anzusprechen. Ich würde ihr gerne sagen, dass ich es schön finde, wie liebevoll sie die Wäsche aufhängt und dass die Band Nirvana meinem Leben damals als 16-Jährigem einen neuen Sinn gegeben hat. Aber ich traue mich nicht. Ich habe Angst, sie würde es als übergriffig empfinden. Ich weiß das von meinen Töchtern. Aus ihrer Perspektive bin ich schließlich uralt. Aber ich erkenne in ihr eine Verbündete. So wie sie ihre Kräuter am Gang pflegt und stets die Fußmatte richtet, bevor sie wieder in die Wohnung geht. Warum fällt mir das auf? Weil ich in dieser Causa immer auf der Suche nach Verbündeten bin. Es ist mehr als eine Causa. Es ist eine Weltanschauung. Alles, was man nicht wirklich braucht, gehört entsorgt. Wir müssen uns von allem Ballast befreien, um uns auf die wesentlichen Dinge konzentrieren zu können.

Ich kenne mein 16-jähriges Ich nicht. Sie wohnt mit ihrer großen Schwester zwei Türen weiter. Mehr weiß ich nicht. Aber sie hat offensichtlich Nirvana-T-Shirts, und in ihren Bewegungen findet sich eine langsame Eleganz, die ich bei Menschen selten sehe. Deshalb stelle ich mir vor, sie sei meine Verbündete.

Es wird jetzt heikel. Aufräumen und Wegschmeißen sind wahrscheinlich meine Lieblingsthemen. Ich bin die Marie Kondo von Wien (mit der Ausnahme, dass ich mich bei den Dingen, die ich wegschmeiße, nicht bedanke).

Je nach Sichtweise geht es um Klarheit und Struktur (meine Sicht) oder Wahn und Zwang (jene fast aller anderen). Es geht mir nicht so sehr um Reinlichkeit, wenngleich ich es schon auch gerne sauber habe, sondern vielmehr um den Luxus der Leere. Ich liebe leere Räume, und ein freier Parkettboden ist für mich der Inbegriff von vollendeter Schönheit. Nichts ist schlimmer, als wenn zum Beispiel auf dem Küchenblock oder dem Schuhregal Dinge abgestellt sind, die da nicht hingehören. Das macht mich traurig und antriebslos. Und wissen Sie, was ich ganz schlimm finde? Wenn man sich die

Schuhe ausziehen muss. Ich finde Hausschlapfen schlimmer als Gartenzwerge. Aber das nur am Rande.

Diese Sichtweise hat mich beinahe schon Freundschaften und meine Beziehung gekostet. Es ist also ernst. Ich bin sonst wirklich konsensorientiert, aber in diesem Punkt gibt es wenig Verhandlungsspielraum.

Nach dem Zivildienst zog ich mit meinen beiden engsten Freunden in eine WG in die Wiener Mollardgasse. Ich suchte vorrangig in diesem Grätzl nach einer Wohnung, weil ich wusste, dass Josef Hader gerne im nahe gelegenen Café Rüdigerhof saß und ich ihn stalken wollte. Meine beiden Freunde und ich – man kann über sie im nächsten Kapitel mehr erfahren – hatten uns die Jahre davor wunderbar verstanden, waren sogar viel zusammen gereist und hatten kaum Auseinandersetzungen gehabt.

Das Zusammenleben entpuppte sich als relatives Desaster. Ich putzte den beiden hinterher und fühlte mich rasch ausgenutzt. Was ich nicht verstand: Es war ihnen egal, wie es aussah. Schneidbretter wurden mehrere Tage benutzt, danach einfach umgedreht und weitere Tage weiterbenutzt, ehe ich sie reinigte. Sie hätten erst abgewaschen, wenn sich wirklich kein einziger sauberer Teller mehr in der Küche befunden hätte! Als ich einmal längere Zeit nicht in der Wohnung war, fand ich die beiden beim Heimkommen bekifft am Küchentisch sitzend. In den Töpfen hatte sich grüner Schimmel gebildet, den sie fasziniert beobachteten. Sie hatten dem Schimmel sogar einen Namen gegeben.

MIT DEM FINNEN UND DEM DR. DR. PETER

Dazu hörten sie *OK Computer**, vielleicht das wichtigste Album der 90er-Jahre. Wenigstens in diesem Punkt waren wir uns einig.

Ich war fassungslos. Sie hatten nicht nur die Küche nicht aufgeräumt, sie hatten auch nicht geduscht und nicht gelüftet. Wahrscheinlich geht normales Jung-Sein so. Ich konnte nicht mit, gab bald entnervt auf, und wir zogen auseinander.

Bevor ich koche, reinige ich die Küche, bevor ich zu schreiben beginne, wird der Schreibtisch komplett geleert.

BERNARD GLASSMAN

Die Küche zu reinigen, bedeutet den Geist zu reinigen.

Ich schaue KöchInnen sehr gerne bei der Arbeit zu: Bevor die erste Zwiebel geschnitten wird, wird alles sauber gemacht. Übrigens findet sich eine ähnliche Argumentation in der buddhistischen Lehre, wenn ich das richtig verstanden habe. Jedenfalls können diese ordnenden Tätigkeiten wundervoll klärend sein.

Ich erinnere mich, dass ich mein Bücherregal einmal nach Farben sortiert habe. Es war ein klassischer Fall von Prokrastination, lange bevor das Wort modern wurde. Ich studierte und hatte mir noch nicht eingestanden, dass das Uni-Leben mich unglücklich machte. Statt für die Prüfung zu lernen, räumte ich das gesamte Regal aus und ordnete die Werke in tagelanger Arbeit nach Farben. Das Problem bemerkte ich erst zum Schluss: Ein nach Farben geordnetes Bücherregal mag zwar hübsch anzusehen sein, aber man findet darin kein einziges Buch mehr. Überdies zog ich mir die Sorge meiner Mitmenschen zu, die sich fragten, ob mich Marihuana nun endgültig zerstört hatte oder aus mir ein anthroposophischer Extremist geworden war.

Heute ist vieles leichter. Oder zumindest habe ich eine bessere ironische Distanz zu meinem Wahn. Ich weiß jetzt, was es bedeutet, wenn andere sagen: Ich muss unbedingt zum Yoga oder ins Fitnessstudio, sonst werde ich unrund. Dann sage ich: Ich muss unbedingt noch die Küche putzen und das Wohnzimmer aufräumen, sonst werde ich unrund.

---

* **Anspieltipp:** Radioheads OK Computer. Ich denke, es ist eine Frage wie Beatles oder Stones. Nirvana oder Radiohead. Jedenfalls waren es die beiden Bands, die meinem Leben in diesen komischen Zwischenjahren Halt gaben.

In den letzten Jahren ist es mir, glaube ich, ganz gut gelungen, an den Dingen des Alltags, an den Notwendigkeiten, die eben gemacht werden müssen, Freude zu empfinden und sie als Teil des Spiels zu sehen. Ich schätze am Aufräumen wirklich sehr, dass die Tätigkeiten allesamt nach kurzer Zeit ein Ergebnis zeitigen. Abgewaschenes Geschirr. Gebügelte Wäsche. Gewichste Schuhe. Die Ergebnisse können sich sehen lassen, und sie sind schöner, klarer, und ja eben aufgeräumter als vorher. Vielleicht hat es mit meinem Beruf zu tun. Ich will jetzt nicht vom inneren Chaos sprechen, das im Außen kompensiert werden muss, aber die Tatsache, dass sich meine Arbeit oft so flüchtig und ungreifbar anfühlt, hat wahrscheinlich damit zu tun, dass ich es im Alltag gerne ordentlich habe. Schreib- und Probenprozesse führen oftmals dazu, dass auch nach Stunden des Grübelns nachher mehr Chaos herrscht als vorher. Das kann mir beim Wäscheaufhängen nicht passieren. Ich habe hier mit meinem Kollegen und Bühnenpartner Thomas Stipsits eine große Einigkeit erlebt.

Wir haben sehr schnell festgestellt, dass wir beide ziemliche »Monks«* sind. Wenn man seinen Geschirrspüler »ohne System« einräumt, räumt er diesen wieder aus und neu ein. Ein mildes Lächeln des Besserwissenden auf den Lippen.

FRANK BERZBACH

Gehirne von Kreativen haben eine erhöhte Anfälligkeit für Verzweiflung, da sie pausenlos Probleme höchster Komplexität lösen. Während die meisten Berufsgruppen damit beschäftigt sind, klar umrissene und vorgegebene Aufgaben zu lösen, stehen Kreative oft vor Herausforderungen, bei denen nicht einmal klar ist, wo genau das Problem liegt.

Ich empfehle, alle Bücher von Frank Berzbach zu lesen. Es wird Ihnen danach besser gehen.

GUSTAVE FLAUBERT

Seien Sie in Ihrem Leben genau und geordnet, damit Sie in Ihrer Arbeit gewalttätig und originell sein können.

---

* Anspieltipp: Der Monk-Darsteller Tony Shalhoub spielt den Vater der grandiosen Mrs. Maisel in der gleichnamigen Amazon-Serie. Wenn diese Frau Sie nicht verzaubert, haben Sie kein Herz. Da fällt mir ein jüdischer Witz ein. Sagt ein Herr zu einem anderen. Warum müssen wir Juden eigentlich jede Frage mit einer Gegenfrage beantworten? Sagt der andere: Warum denn nicht?

Es ist eine Lebenseinstellung geworden, und sie lässt sich gut begründen: Ich will es unaufwendig haben.

DIE REDUKTION IST FÜR MICH DER SCHLÜSSEL ZUM GLÜCK.

Vereinfachung im Alltag. Zum Beispiel habe ich das Fitnessstudio durch hundert Liegestütze pro Tag ersetzt. Und auf Tour habe ich fast nichts mit außer einer guten Flasche Wein, falls jene beim Catering nicht entsprechen sollte, 26 Buchstaben in unterschiedlicher Reihenfolge gebunden oder als Taschenbuch, sowie meine Laufschuhe. Die Laufschuhe immer dabei zu haben und von überall einfach starten zu können, ist eine Definition von Freiheit und Selbstbestimmung. Laufen und Lesen. Die beiden großen L's sind ein Mitgrund, warum ich gerne auf Tournee bin. Ich muss dort keine Hausarbeit verrichten, also kann ich mich zwischen den Auftritten darauf fokussieren. Laufen und Lesen geht immer. 26 Buchstaben und ein paar Schuhe, und die Gedanken können fliegen und ganze Kontinente erschaffen. Wenn es nur gelänge, diese 26 Buchstaben in der perfekten Reihenfolge auf Papier zu bringen, hätte ich die vollendete Geschichte. Es wird mir nicht gelingen. Aber der Versuch lohnt sich allemal und immer wieder.

Das Corona-Virus hat uns vielleicht das Gefühl des Mangels spüren lassen, aber in den meisten Leben hat sich trotzdem zu viel angesammelt. Der Alltag hat uns im Griff, die To-Do- und Selbstoptimierungslisten wuchern aus, und wir fühlen uns schlecht und schuldig. Die allergrößte Schwierigkeit an meinem Beruf ist, das Dazwischen zu gestalten. Auf die Bühne zu gehen oder vor eine Kamera zu treten, ist dagegen vergleichsweise gar nichts. Das ist klar, da fühle ich mich meistens sicher. Das Spiel ist ein freier Raum, die Bühne ist ein Sicherheitsort. Viel komplexer ist der Alltag. Wie gestalte ich den? Wie schaffen wir es, uns nicht ablenken zu lassen, uns nicht treiben zu lassen? Wobei natürlich das bewusste Treibenlassen, der Flow (mehr dazu siehe Kapitel 14 und 15) etwas ganz anderes ist. Verzettelung macht den Menschen unglücklich, aggressiv, und zerfahren, wohingegen der Zustand des Flows, also die tiefe Konzentration auf eine Sache (sei es Briefschreiben oder Autoreparieren) ihn glücklich und zufrieden aus den Tiefen des Ichs auftauchen lässt – so etwa könnte man, wenn ich es richtig verstanden habe, eine Haupterkenntnis der Hirnforschung zusammenfassen.

Nach einem 20-minütigen Waldspaziergang fühlt man sich zweifellos besser als nach einer Stunde in der Shoppingmall.

Gehen Sie zu Fuß! So oft und so weit wie möglich. Es ist immer besser, als es nicht zu tun. Gehen Sie spazieren, damit Sie nicht vergessen, dass es Vögel gibt!

Und trotzdem werden wir scheitern. Weil wir müssen. Wir, die versuchen Ordnung in das Chaos zu bringen, müssen scheitern. Aber vielleicht schaffen wir das in Würde und mit Eleganz. Das wäre doch das Ziel. Ich spiele gerne so Gedanken durch. Wie ging es den Menschen in den Verlagen, die Harry Potter abgelehnt hatten? Oder um es bildlicher zu machen: Im Juli 1954 begab es sich in den Sun Studios zu Memphis Tennessee, dass ein 19-jähriger Lastwagenfahrer namens Elvis Aaron Presley die ganze Weltgeschichte veränderte, indem er den Rock'n'Roll erfand. Der schüchterne junge Mann war ein Jahr zuvor in einem Aufnahmestudio in Sam Philipps gewesen, um ein Ständchen für seine Mutter aufzunehmen. Man nahm ihn in die Kartei auf, falls man in Zukunft mal einen Schnulzensänger brauche. Ist er immer noch in dieser Kartei vermerkt? Und konnte der Mann, der das entschied, danach einfach so weiterarbeiten?

LISTE DES SCHEITERNS

1) Man scheitert ja als Kind schon
   ständig. Ich habe lange geglaubt,
   mein Onkel ist Steuerberater. Stimmt
   aber nicht. Er ist Fahrlehrer.
2) Mein Freund Zebra erzählte mir, dass
   Slash von Guns'n'Roses so cool ist,
   dass er sogar in der Dusche raucht.
   Ich hab's probiert ...
3) Als ich mich das letzte Mal entspannt
   zurückgelehnt habe, saß ich auf einem
   Hocker.

```
4) Wer sich im Leben alle Türen offen
   hält, wird sein Leben auf dem Flur
   verbringen.
```

TOCOTRONIC – KAPITULATION
Und wenn du kurz davor bist
kurz vor dem Fall
und wenn du denkst
Fuck it all
wenn du nicht weißt
wie soll es weitergehen
Kapitulation
ohohoh Kapitulation.

Ich sitze mit einem Freund im Kaffeehaus und er sagt:

PETER
Schau der Angst doch einfach ins Gesicht.
Es geht letztlich um nichts.

Ich denke: Das würde ich gerne meinem jüngeren Ich sagen, das sich so viel aus der Meinung anderer gemacht hat, das sich leiten und lenken und verbiegen ließ aus Angst, nicht dazuzugehören. Soll ich es zumindest meinem 16-jährigen Ich 2.0 erklären, das zwei Türen weiter wohnt?

Alles tun, um es den anderen recht zu machen und aber trotzdem nicht dazugehören. So fühlte sich meine Jugend an. Ein Dilemma, eine Spirale.

Ist der ängstliche junge Mann plötzlich ein 40-jähriger Spießer geworden? Ich finde nicht, aber ich bin ständig mit diesem Bobo-Vorwurf konfrontiert. Lasset uns das also kurz abhandeln.

BOBO ist ein Neologismus, Oxymoron und Akronym, das sich abgekürzt aus den Wörtern bourgeois und bohémien zusammensetzt. In Deutschland firmiert er unter Hipster. Der Begriff »Bobo« wurde durch das im Jahr 2000 erschienene populärwissenschaftliche Buch *Bobos in Paradise* von dem Kolumnisten der *New York Times* David Brooks geprägt, der sich selbst als Bobo bezeichnet. Er bezeichnet dementsprechend ursprünglich die US-amerikanische Oberschicht am Ende der 1990er-Jahre, die »Konservativen in Jeans« und »Kapitalisten der Gegenkultur«. Der Lebensstil der Bobos führte zusammen, was bis dahin als unvereinbar galt: Reichtum und Rebellion. Also die Ideale der Hippies kombiniert mit der Bequemlichkeit der Yuppies. Oder so ähnlich. Da Bobos oftmals über mehr Geld verfügen, weil sie in ihrem *Irgendwas-mit-Medien-Beruf* erfolgreich sind, oder einfach nur geerbt haben, trotzdem aber gerne lässig bleiben wollen und sich daher gerne in räudigen, aber doch hippen Grätzeln niederlassen, unterstellt man ihnen gerne, Zugpferde der Gentrifizierung zu sein. Die Wiener Künstlerin Andrea Maria Dusl verwendet hierfür die sehr treffenden Begriffe: *Boboville* und *Bobostan*. Und da ist sie wieder, die Ambivalenz der Dinge, die sich natürlich auch in Bobostan findet. BMW fahren und grün wählen, *Refugees Welcome-T-Shirts* tragen, während sie die Kinder in die katholische Privatschule bringen. Der deutsche Kabarettist Andreas Rebers singt dazu:

ANDREAS REBERS – AUF KAMELEN DURCH BERLIN

Kinder machen Kinderyoga
und sie ernähren sich gesund
und der Braten ist aus Soja
und die Salate sind so bunt
Die Mama kauft gern auf dem Markt ein
Das ist so kommunikativ
Der Papa darf hier nicht mehr stark sein
Der Papa der ist kreativ
Klischees von heut' waren früher Utopien
Wir reiten auf Kamelen durch Berlin.

Stimmt alles! Man trifft sich, um sich gegenseitig mit seinen Kochkünsten zu beeindrucken und spielt um zwei Uhr früh dann betrunken Luftgitarre auf der Pfeffermühle. Revolution 2.0. Bobos halten sich für nonkonformistisch, mögen ihre innerhalb des Gürtels gelegene Dachterrassenwohnung, werfen regelmäßig voll Freude ihren Smoothiemaker an und geben ihrem Sauerteig Rufnamen. Sie genießen das Leben und haben ein eigenes Verhältnis zum Konsum, sie kaufen in Bioläden, frequentieren Radwege und trinken Hugo sowie Aperol-Spritz statt Bier und G'spritzten. Sie lesen den *Standard* und den *Falter*, wählen vorzugsweise Grün, heißen Asylwerber willkommen, obwohl sie nur überschaubare Kontakte mit ihnen pflegen, sie sind aufseiten von Klimaschützern, nennen aber einen VW Touran oder ein anderes praktisches Auto mit viel Stauraum ihr Eigen, mit dem sie am Wochenende regelmäßig ins Waldviertel fahren. Ja, da sind Widersprüche. Trotzdem sind die meisten Bewohner von Bobostan, die ich kenne, eigentlich sehr freundlich, und Menschen, die offen sind für andere, egal welchen Geschlechts und welcher Herkunft. Sie sind mir nun einmal von Grund auf näher als die Allesverweigerer.

Eines verstehe ich nur nicht. Bobos werden oftmals auch Gutmenschen geheißen. Ich frage mich nur, wie muss eine Gesellschaft drauf sein, dass ein solches Wort zum Schimpfwort verkommen kann? Die Gebrüder Moped geben in ihrem Buch *Heute gehört uns Österreich und morgen die ganze Scheibe* eine Antwort:

GEBRÜDER MOPED

Insbesondere die jüngste Edition des Modells Gutmensch kennt in ihrer Umsetzung der pädagogischen Gehirnwäsche kein Erbarmen. Der Hipster. Zweimal Muttermilch macchiato bitte! Hipster-Eltern sind die mit Abstand schlimmste Form der Spezies Gutmensch. Sie kutschieren ihren Sprössling (Geburtsgewicht 4000 Instagram) im Kinderwagen aus Olivenholz zur Sojamilchtaufe. Dem Kleinen werden die Milchzähne gezogen. Wir sind schließlich vegan. Hipster erziehen ihre Kinder hartnäckig zu Toleranz und Multikulturalität. Sie reisen liebend gerne in entlegene Regionen, um dort fremde ihnen nicht vertraute Kulturen kennenzulernen. Der alljährliche Ausflug in den Wiener Gemeindebau.

Wieder denke ich an mein 16-jähriges Ich. Nimm das alles nicht so ernst, will ich ihm gerne zurufen. *Das was wir sind, wird nie zu wenig sein* haben wir damals mit Mondscheiner gesungen. Es war mehr eine Hoffnungsformel für uns selbst, und die Behauptung, diesen Beruf machen zu können, als eine Parole. Und einen Wimpernschlag später findet man sich plötzlich wieder mit Kindern und Hund, und die Leute sagen nicht mehr verächtlich »schau, ein Punk«, sondern »schau, ein Bobo«.

Mein 16-jähriges Ich hat seine T-Shirts abgenommen. Ich mache mir einen Espresso mit meiner super Maschine und lege wieder einmal *Nevermind* auf. Natürlich auf Vinyl. Kurt Cobain konnte nicht mehr zum Bobo werden. Er hat sich mit 27 Jahren erschossen. Die Musik hat nichts von ihrer Dringlichkeit verloren. Ich drehe den Volumenregler auf Maximum. Plötzlich läutet es an der Tür. Sie stellt sich höflich vor. Ihr Name ist Polly. Ich gratuliere zu ihren T-Shirts.

POLLY
Die gehörten meinem Vater. Ich verwende sie als Schlafleiberl.

Sie bittet mich, leiser zu drehen, weil sie lernen muss. *I promise you. I have been true* singt Kurt gerade. Verwirrt notiere ich die Liste für den heutigen Tag.

AKTIVITÄTEN FÜR MENSCHEN, DIE EINMAL IDEALE HATTEN UND SICH MITTLERWEILE ABER NICHT MEHR ALLZU VIEL VOM LEBEN ERWARTEN

1) Minigolf spielen
2) Tretboot fahren
3) »Schnürlsamthose« googeln
4) Mit Jogginghose in die Kirche gehen
5) Nach Baden bei Wien ziehen
6) Den Saugroboter wöchentlich auf die neueste Software updaten
7) Die kalte Progression verstehen
8) Den Bahnhof von Laa an der Thaya für die Modelleisenbahn maßstabgetreu nachbauen
9) Während der Coronakrise sagen: »Es ist nur ein Raucherhusten.«
10) Während der Coronakrise »Dritte Kassa bitte!« rufen

11) Alkoholfreies Bier trinken
12) Den Brief von der Sozialversicherung
    für Selbständige öffnen*
13) Ratgeber lesen
14) Ratgeber schreiben und dann sagen:
    »Es ist eh kein Ratgeber.«

---

* Die SVS (ehemals SVA) ist die Sozialversicherung der Selbstständigen. Sie hat ein übersichtliches Berechnungssystem, finden jedenfalls alle, die bei der SVS arbeiten und/oder von Beruf Steuerberater sind. Alle anderen finden das eher nicht. Vielen KünstlerInnen hat eine sogenannte Vorauszahlung oder Nachzahlung schon die Existenz gekostet. Ich plädiere an dieser Stelle dafür, die Selbstständigen in den Rang von BeamtInnen zu heben, weil wir uns eben so Dinge wie die 20-Stunden-Woche ausdenken (siehe Kapitel 9), von der dann alle profitieren. Ein Freund von mir sagte einmal: »Ich öffne lieber einen Brief von Franz Fuchs, als einen von der SVA.« Das ist unkorrekt, aber sehr lustig. Und schon wieder eine andere Geschichte.

IRGENDWAS KANN EIN JEDER

—

Von der Pflicht zur Schrulligkeit

Freunde darf man nicht enttäuschen, und
gute Freunde tauscht man auch nicht aus.

Ich wurde von einem sehr guten Freund einmal so sehr enttäuscht, dass es mich ziemlich aus der Kurve gehoben hat und ich dort lange liegen geblieben bin, unsicher, ob ich wieder aufstehen wollen würde. Zum Glück konnte ich es eines Tages, und plötzlich sah ich ganz genau, was Freunde für mich erfüllen müssen, um diesen Titel zu erwerben. Umgekehrt gilt das natürlich auch. Loyalität ist so ein Wort. Aber wenn diese voll erfüllt ist, ist das schon mehr als die halbe Miete.

Ich habe ein paar wenige sehr enge Freunde. Sie sind launisch, trinkfest, faul und ganz wunderbar. Ich möchte die Geschichten von dreien von ihnen erzählen. Der erste Freund ist Finne. Er hört auf den schönen Namen Juhani. Also genau genommen kommt nur seine Mutter aus Finnland, er ist in Wien geboren. Er spricht auch leider nur wenig finnisch. Aber ein bisschen was kann er. Kalsarikänt ist finnisch und heißt, sich alleine zu Hause in Unterhosen betrinken. Ich beneide die Finnen um dieses Vokabel. In Finnland gibt es auch keine Kilometer, sondern poronkusema. Das ist die Länge, die ein Rentier zurücklegt, ohne pinkeln zu müssen, und zu einem Arzt sagen sie Läakari. Klingt ein bisschen wie *Yakari*, die Serie vom kleinen Indianer, der mit den Tieren sprechen kann, und sehr entfernt wie *Daktari*, der Buschdoktor mit Clarence, dem schielenden Löwen – aber das ist eine andere Geschichte. Wenn Juhani sehr betrunken ist, kann er auch mit Tieren sprechen. Aber das streitet er am nächsten Tag dann gerne ab. Wir kennen einander schon seit dem Kindergarten. Wollen Sie wissen, wie man auf finnisch zählt? Yksi, kaksi, kolme heißt 1, 2, 3. Im Kindergarten fanden wir das urlustig. Heute, wenn wir ziemlich betrunken sind, übrigens auch noch.

Wenn von Finnland die Rede ist, darf natürlich Aki Kaurismäki nicht fehlen. Ich glaube, er hat die Entschleunigung erfunden und stellt uns mit seinen Filmen auf die Probe. Trotzdem sind die Filme keine Sekunde langweilig, sondern poetisch und hochkomisch. Juhani hat auch eine göttliche Langsamkeit. Er widmet sich den Dingen in einer Ruhe, die mir jedes Mal imponiert. Multitasking ist ihm fremd und ich glaube auch zuwider.

Jedenfalls heißt mein Freund mit Nachnamen Zebra, also so hieß er nicht immer. Sein Großvater hatte so geheißen, ließ den Namen aus Rücksicht auf seinen Sohn – Juhanis Vater – ändern, weil er Angst hatte, dass die Kinder den Vater meines Freundes in der Schule hänseln würden. Juhani ging vor Gericht und wurde in erster Instanz abgelehnt mit der Begründung: »Zebra ist ein in der Steppe lebendes Pferd und kein Name.« Der Richter hieß übrigens Fuchs. Juhani machte weiter. Fragen Sie jetzt nicht, warum er nichts anderes zu tun hat. Jedenfalls gab ihm das Höchstgericht recht. Das ist alles wahr. Kann man googeln. Zeitungen haben darüber berichtet und sogar in der TV-Sendung *Willkommen Österreich* machte sich Grissemann über meinen Freund lustig. Die Geschichte geht weiter, teilt sich jetzt aber in zwei Handlungsstränge. Juhani darf jetzt also Zebra heißen. Seine große Schwester ist logischerweise auch halbe Finnin, vor nicht allzu langer Zeit gebar sie eine Tochter und nannte sie Tiina. In Finnland schreibt man Tiina mit zwei ii. Der Vater des Kindes, auch an diesem Strang der Handlung ist alles wahr, geht zum Standesamt, um den Namen seiner Tochter eintragen zu lassen. Der Beamte reicht ihm die Geburtsurkunde und sagt:

BEAMTER

Den Rechtschreibfehler hob I eana aus'bessert.

VATER

Nein, das ist schon richtig, unsere Tochter hat einen finnischen Namen, da schreibt man das so.

BEAMTER

Na guat. Heutzutage kann man auch schon Zebra heißen.

Der Vater, lässig im Gehen:

VATER

Ja, das ist mein Schwager.

Ich frage mich manchmal, was ich an meinen Freunden so mag. Was sie für mich besonders macht, neben ihrer Loyalität und Hilfsbereitschaft. Wahrscheinlich, dass sie Schrullen sind. Sie sind so aus der Zeit gefallen, auch wenn sie versuchen, es nicht zu sein.

Wolfgang, der Wirt und älteste im Bunde (wir nennen ihn zärtlich »Opa«), feierte einen runden Geburtstag. Er hatte eine kleine Anzahl von Menschen um sich versammelt. Zu späterer Stunde nahmen wir gemeinsam noch eine weiße Korrektur an der Bar zu uns. (Die weiße Korrektur ist das Pendant zum Reparaturseidel. Man trinkt sie allerdings noch vor dem Schlafengehen. Nachdem die meisten Gäste gegangen sind, alle ihr »Menü« hatten – einschließlich Espresso und Averna, möglichst in einem tiefgekühlten Glas serviert – eine sizilianische Tradition, die wir übernommen haben –, und die Küche tipptopp wiederhergestellt ist, dann ist es Zeit für die weiße Korrektur. Ein allerletztes Glas Weißwein im kleinsten Kreis.) Wir waren also im Begriff, uns über die weiße Korrektur herzumachen. Wolfgang blickte in die Runde und stellte zufrieden fest:

WOLFGANG, DER WIRT
Kein einziger Normaler dabei.

Das Wort Schrulle ist längst nicht mehr wirklich gebräuchlich, und dennoch ist es präzise. Heute würde man wahrscheinlich Nerd oder Freak sagen. Da gibt es Ähnlichkeiten. Aber die Schrulle ist immer eine Schrulle, auch wenn sie nicht beobachtet wird. Das ist ein entscheidender Unterschied. Wolfgang, der Wirt, ist ein phänomenaler Koch. Wenn Jamie Oliver ihn kennen würde, würde er ständig Wolfgangs Rezepte in seinen Büchern verbraten. Wolfgang ist aber als Schrulle auch seiner Schrulligkeit verpflichtet und so finde ich in einem seiner Lieblingsrezepte, Polpette di Sarde, eine handgeschriebene Notiz hinzugefügt: »Pro Bällchen zwei Rosinen und zwei Pinienkerne.« Auf seine Kochkunst angesprochen pflegt Wolfgang übrigens zu sagen:

WOLFGANG, DER WIRT
Irgendwas kann ein jeder.

Wolfgang ist Kaffee ein Anliegen, nein mehr: eine Lebenseinstellung. Er ist schließlich im Herzen Neapolitaner. Er hat eine italienische Tradition mit nach Wien genommen: CAFFÈ SOSPESO

Im Lokal einen Kaffee bestellen, einen zweiten zahlen und an Bedürftige spenden, weil das heiße, schwarze Getränk nicht nur ein Genussmittel, sondern auch ein Grundrecht im Leben eines Neapolitaners/einer Neapolitanerin darstellt. Die Idee hat sich von

Italien aus über die Welt verbreitet, aber eben, wie ich finde, nicht genug. Sie ist wie die meisten großen Ideen im Grunde einfach (nur draufkommen muss man halt.) Oder wie Alfred Dorfer in einem Programm sagt:

ALFRED DORFER
Ich habe auch oft gute Ideen, aber leider nie als Erster.

Man bestellt einen Espresso an der Bar und bezahlt zwei. Der Kellner oder die Kellnerin malt einen Strich auf die Kreidetafel und reicht den Kaffee. Obdachlose oder Menschen mit zu wenig Geld können von draußen erkennen, ob und wie viele Striche sich auf der Tafel befinden. So kann man die Bar betreten und mittels einer stummen Geste Richtung Tafel einen Espresso bestellen. Das Ganze ist unaufwendig und absolut würdevoll. Der Kreidestrich wird dann weggewischt und der Kaffee serviert. Ich bin der tiefen Überzeugung, dass solche Errungenschaften eine Gesellschaft zusammenhalten. Die Decke der Zivilisation ist bekanntlich dünn und hat in den letzten Jahren auch in Europa und leider auch in meinem geliebten Italien durch stumpfsinnige Nationalisten Risse bekommen, aber Ideen wie der Caffè sospeso sind Möglichkeiten, um dagegenzuhalten.

Einmal bin ich mit Wolfgang in seinem Auto mitgefahren. Er wechselte die Spur, ohne zu blinken oder ließ sich eine ähnlich lässliche Sünde zu Schulden kommen. Man kennt das, Grund genug, um den Hintermann vollkommen auf die Palme zu bringen. (Licht-)hupend, gestikulierend fuhr dieser schimpfend hinter uns her. An der übernächsten Kreuzung stieg Wolfgang aus und ging zum immer noch vor Wut schnaubenden Fahrer des Autos hinter uns. Er redete ruhig auf ihn ein, und das Verhalten schlug plötzlich um. Sie gaben einander die Hand und wir fuhren weiter. Ich fragte ihn, wie das möglich gewesen sei. Wolfgang antwortete grinsend, während er sich eine Gitane ansteckte:

WOLFGANG, DER WIRT
Wenn du jemandem, der dir gerade die Nase brechen will, sagst, dass du die ganze Schuld auf dich nimmst, und dass er mit seiner Wut natürlich vollkommen recht hat und du nicht wissen würdest, wie du das jemals wieder gutmachen könntest, bringst du ihn garantiert aus dem Konzept.

Der dritte Freund heißt Peter. Er ist Doktor der Mathematik und Doktor der Philosophie, arbeitet allerdings in einem Kindergarten. Er raucht nicht und trinkt nicht, isst keinen Zucker, hat kein Handy und keinen Kühlschrank. Einmal am Tag geht er für fünf Minuten ins Internet, um E-Mails zu lesen. Wenn ich mir mit ihm etwas ausmache, dann gilt das und dann lässt sich die Vereinbarung in Ermangelung der Möglichkeit auch nicht kurzfristig verschieben oder absagen. Es ist ein schönes, beruhigendes Gefühl, ein Fixstern im Kalender. Peter hat eine sehr großartige Eigenschaft. Er wertet nicht. Er hört sich alles an und nimmt dann eine Gegenposition ein, aber nur, um das Gespräch voranzutreiben. Wenn wir Längeres zu besprechen haben, laufen wir gemeinsam durch die Stadt oder schreiben uns Briefe. Es ist herrlich, einen Brief zu bekommen. Irgendwo habe ich gelesen, und ja, es ist vielleicht ein wenig abgedroschen, aber deswegen nicht weniger wahr: Schreiben Sie den Menschen, die Ihnen etwas bedeuten, Briefe. Ihre Whatsapp-Nachrichten werden sich nämlich nicht in 50 Jahren auf dem Dachboden wiederfinden lassen.

ANTON TSCHECHOW
Kunst kann bald jemand. Was uns zu schaffen macht,
ist der Alltag.

Auf der Suche nach den Zitatnachweisen sind wir darauf gestoßen, dass er das angeblich nie gesagt hat. Was wiederum eine mutige Aussage ist, weil wer will das wissen? Es war ja niemand sein ganzes Leben lang durchgehend bei ihm, um selbiges mit Sicherheit feststellen zu können. Wenn er es also tatsächlich nicht gesagt haben sollte, ist es, wie ich finde, trotzdem nicht weniger wesentlich.

Auf Ö1 höre ich eine Sendung über die Anfänge des Fernsehens. Die Menschen putzten sich heraus und machten sich fein und setzten sich dann im Abendkleid und mit Anzug und Krawatte vor den Fernseher. Wenn ich so etwas höre, springt mein Herz höher. Den kleinen Dingen Raum zu geben kann so schön sein. Heute machen so etwas leider nur mehr die Schrullen. Ich glaube, die Welt wäre viel ärmer ohne sie. Mit meinen Freunden verbringe ich Zeit, in der nichts passieren muss. Zeit, die auf nichts abzielt. Es wird gekocht, gegessen und getrunken und manchmal einfach nur gewartet auf die Themen, die dann unsere Neugierde wecken.

Ich habe eine Liste unserer »Erkenntnisse«, die wir hatten, weil wir einfach gemeinsam haben Lebenszeit verstreichen lassen.

LISTE DES SINNLOSEN WISSENS

1) Suizid war bis in die 1950er-Jahre in England verboten. Gelang der Suizid nicht, stand darauf die Todesstrafe.
2) »Please remove your child before folding« warnen einige Hersteller von Kinderwägen in ihren Bedienungsanleitungen in den Vereinigten Staaten. Man möge also nicht vergessen, das Kind vor dem Zusammenklappen des Wagens herauszunehmen.
3) Die Arschkarte ziehen ist eine Redewendung aus dem Fußball, aus einer Zeit, als es nur Schwarz-Weiß-Fernsehen gab. Da man rot und gelb nicht unterscheiden konnte, war klar, dass der Spieler, wenn der Schiedsrichter die Arschkarte zog, vom Platz musste.

3

EINMAL NOCH SCHLAFEN, DANN IST MORGEN

—

Sätze, die mich über Jahre verfolgen.
Ich versuche zu verstehen, wo sie
herkommen

Kinder, was ich mir heuer von euch zum Geburtstag wünsche, ist ein paar Tage Ruhe und weniger Streit.
Dann bin ich sehr glücklich.

KINDER

Wir haben aber schon was in der Schule gebastelt!

Mein Vater hat mir zum 18. Geburtstag ein Buch geschenkt. Er hat darin ein paar Sätze gesammelt, die meine Geschwister und ich im Laufe der Jahre so gesagt haben und die ihm wesentlich erschienen. Ich habe diese Idee von meinem Vater übernommen und schreibe unregelmäßig Dinge auf, die unsere Töchter so von sich geben. Ich nehme mir jetzt die Freiheit heraus und veröffentliche ihre Zitate. Ich hoffe, dass ihr euch dereinst darüber freuen werdet, liebe Töchter.

Ronja, in etwa drei, wir sitzen im Park und zelebrieren die Langeweile:

RONJA

Die Tauben platzen und werden zu Feen.

Das sind so Sätze, die mich über Jahre verfolgen. Ich versuche zu verstehen, wo sie herkommen. Sie werden diktiert, glaube ich. Es handelt sich wohl um Phänomene, wie sie auch große ErfinderInnen und SchriftstellerInnen kennen. Momente, in denen sie das Gefühl hatten, nur die Verbindung halten zu müssen und den Stift übers Papier zu bewegen, weil, was gerade passiert war, hatten sie sich nicht ausgedacht. Es flog ihnen zu, manche sprechen von Antennen. Kinder sind naiv und subversiv, und sie lernen begierig, weil sie es wollen. Irgendwann verlieren sie diese Fähigkeit und ihre Antennen. Die Schule treibt ihnen schließlich den Rest an Subversivität aus.

5. AUGUST 2008

Wir sind auf dem Lande und spazieren durch den Wald. Ich merke, dass du ein Stadtkind bist, da du Nacktschnecken für Hundescheiße hältst. Gestern in der U-Bahn hast du einer Frau mit Burka, also einer Vollverschleierten, aufmerksam zugesehen. Ich habe keine Angst gesehen, keine Wertung in deinen Augen, nur Verwunderung. Du hast dann plötzlich gesagt:

RONJA
Die Frau ist weg.

Wie wahr.

RONJA
Meine Freundin Schneewittchen ist leider gestorben,
und mein Freund Braunbär musste in den Zoo.

Als wir durchs Stiegenhaus gehen, wird gerade feucht aufgewischt:

RONJA
Es ist nass, der Mann beest!

Ich will nicht den Eindruck erwecken, dass ich glaube, meine Kinder
seien besonders kreativ, oder so. Ich glaube, ALLE Kinder sind so, und
wir sollten einfach genauer hinschauen und hinhören und uns an ihrer
Weisheit erfreuen.

RONJA
Der Papa hat einen Penis, die Mama eine Scheide und die
Ronja eine Windel.

MÄRZ 2009

Ich habe einen starken Schnupfen. Wir gehen die Straße entlang, du
hältst meine Hand. Achtlos spucke ich Rotz auf die Straße. Du sagst nur:

RONJA
Bitte mich nicht anspeiben, Papa.

In diesem Satz steckt dein Wesen. Achtsam, emphatisch, und so humorvoll.

APRIL 2009

RONJA
Ist es schon dunkel?

MANUEL
Ja.

RONJA
Wahnsinn, die Mama ist im Dunklen draußen!

MAI 2009

Wir waren heute bei der Oma. Auf der Autobahn überholte uns ein
Rettungswagen mit Blaulicht. Besonnen siehst du aus dem Fenster
und sagst zu dir selbst:

RONJA

Jetzt ist schon wieder was passiert.

Später, am Gürtel blendet dich die Abendsonne.

RONJA

Obwohl wir keine Sonnenbrillen haben, scheint die Sonne!

Abends, kurz bevor du einschläfst, sagst du:

RONJA

Morgen werde ich in die Zeitung schauen, vielleicht ist was Interessantes drin, Kühe oder so.

RONJA

Ich werde schon noch größer. Aber wird die Welt auch noch größer? Ich glaube nicht. Afrika vielleicht.

Du beginnst zu realisieren, dass es den Tod gibt.

RONJA

Die Menschen, die ganz oben am Himmel sind, sind schon gestorben. Wenn sie sich nicht an den Wolken festhalten, fallen sie runter und werden wieder lebendig.

Ich war ein paar Tage drehen und versuche, mit dir jetzt wieder ins Gespräch zu kommen.

MANUEL

Ich habe dich vermisst!

RONJA

Ich dich eigentlich nicht.

MANUEL

–

RONJA

(überlegt) Ich habe eigentlich gar nicht an dich gedacht.

15. SEPTEMBER 2010

Wir hören *Sergeant Pepper*.

RONJA

Wie viele Beatles leben noch?

MANUEL

Zwei.

RONJA

Die anderen hatten ein kürzeres Leben. Wie heißen die, die noch leben?

MANUEL

Paul und Ringo.

RONJA

Ich will die mal treffen!

Ein Dialog, den ich aufgeschrieben habe, ohne Datum. Es ist aber auch egal, weil deine Worte sind zeitlos und wichtiger denn je.

MANUEL

Gibt es in deiner Kindergartengruppe eigentlich auch Flüchtlinge?

RONJA

Nein, nur Kinder.

Heute waren wir spazieren. Wir spielen Geburt und Spitalsaufenthalte nach. Manchmal reisen wir zum Nordpol. Du hast dein Notizbuch aufgeschlagen. Und schaust immer wieder nach, was wir als Nächstes tun müssen.

In der Zwischenzeit ist deine Schwester geboren.

8. OKTOBER 2013

Luise, du bist eine unglaubliche Person. Hast alle Menschen um dich herum im Griff. Wenn du gut drauf bist, lässt du deinen Charme spielen, und alles liegt dir zu Füßen. Wenn du nicht so gut drauf bist, kann es für alle Beteiligten ganz schön anstrengend sein. Was mich immer und immer wieder beeindruckt, ist die unbedingte Loyalität zu deiner Schwester (und umgekehrt). Vor ein paar Nächten konntest du sehr schlecht schlafen, und Stefanie musste immer und immer wieder antreten. Irgendwann hatte sie dich so weit, und ihr habt den Deal gemacht, dass ihr euch beim Frühstück wiederseht. Stefanie sagt im Gehen:

STEFANIE

Ich freu mich auf das Frühstück mit dir!

Du brüllst ihr nach:

LUISE

Und was ist mit der Ronja? Auf die freust du dich nicht?

DEZEMBER 2013

LUISE
Ich habe eine gute Idee gefunden.
Jetzt will ich raus, die frische Luft schnappen.

LUISE
Ich habe Lulu ausgeschüttet.

LUISE
Wir könnten im Bett herumspazieren, bis der Sommer kommt.

Während deine Schwester immer alles mit uns besprechen wollte und will, entscheidest du praktisch autonom. Im Fasching warst du heuer als Klavier.

LUISE
Es gibt Kinder, die haben keinen Parmesan.

LUISE
Einmal noch schlafen, dann ist morgen.

OKTOBER 2014

LUISE
Ich liebe Superstars.

LUISE
Lorenz ist mein bester Freund.

STEFANIE
Und wer ist deine beste Freundin?

LUISE
Das bin ich selber.

FEBRUAR 2015

Tobsucht ist ein großes Thema. Jedes Anziehen ist ein Nervenzusammenbruch.

LUISE
Ich will, dass du mir nie wieder hilfst, bis ich sterbe.

Stefanie ist viel geduldiger als ich. Sie kann über Stunden alles vergessen und nur in die Kinderwelt eintauchen. Momentan ist sie aber wirklich mit ihrem Latein am Ende, so habe ich sie noch nie erlebt.

Aber sie versucht alles. Zum Beispiel zeichnet und schreibt sie mit dir zusammen Märchen:

LUISE

Es war einmal ein Blumenkind, das lebte mit seinem Opa und seiner Oma zusammen. Es hatte ein Pony, wo es älter wurde, konnte das Kind schon alleine hinfuhren. Dann wurde der Opa alt und stirbte. Die Prinzessin springt ins Bällebad, und die Oma und der Opa wachen beide wieder auf, sie haben nur so gespielt, dass sie gestorben sind. Und jetzt ist die Geschichte aus.

LISTE MIT MEINEN LUISE-LIEBLINGSZITATEN

1) Man kann sich die Mama, wenn sie gestorben ist ja aufheben.
2) Papa, du kriegst das Bild, wo ich mich am wenigsten bemüht habe.
3) Ich werde Künstlerin, aber pronto.
4) Ich interessiere mich überhaupt nicht für Fußball, aber ich schaue es, weil ich gerne fernschau'.
5) Essen Frösche Blumen?
6) Dass ich zaubern und fliegen kann, wünsche ich mir schon seit ich geboren bin.
7) Bitte lies' noch eine Folge!
8) Ich bin froh, dass ich geboren bin.

Und mit diesem Vorlauf an Zitaten, an Subversion, an Anarchie will ich einen Sprung machen ins Jetzt. Die Aufzeichnungen sind rar geworden. Der Schulalltag hat euch im Griff, und das mag ein Grund sein, warum immer weniger Zitate von euch rausgeschleudert werden.

Ich sitze vor der Schule und warte auf dich. Ein Mädchen stürmt weinend aus dem Schulgebäude auf seine Mutter zu.

MÄDCHEN

Ich habe eine Drei in Mathe!

Ich mische mich ein:

MANUEL

Gratuliere, ich hatte nie eine Drei in Mathe.

MÄDCHEN

Aber in Mathe bin ich doch eigentlich gut. Was soll dann erst mit den anderen Fächern werden?

Ich beobachte, dass Buben eine Drei meistens abfeiern und Mädchen eine solche oft als beschämend empfinden, und sehe das als nur ein Beispiel dafür, dass wir beim Thema Gleichstellung noch einiges zu tun haben. Lesen Sie dazu unbedingt *Feministin sagt man nicht* von Hanna Herbst. Wieder werde ich bei Peter Bichsel fündig, konkret in seinen Frankfurter Poetikvorlesungen.

PETER BICHSEL

Rechtschreibung ist nichts anderes als ein Selektionsmittel, das auf Umwegen die notwendigen Analphabeten schafft. Das Ziel der Schule ist nicht Bildung, sondern Selektion.

Und dann haut er in seinem Werk *Schulmeistereien* den Satz schlechthin raus:

PETER BICHSEL

Der Maßstab jedenfalls ist die Schule, nicht der Schüler. Deshalb kann der Schüler an der Schule scheitern, die Schule aber nicht am Schüler.

EGON FRIEDELL

Das schlimmste Vorurteil, das wir aus unserer Jugendzeit mitnehmen, ist die Idee vom Ernst des Lebens. Daran ist die Schule schuld. Die Kinder haben nämlich den ganz richtigen Instinkt: Sie wissen, dass das Leben nicht ernst ist und behandeln es als Spiel und einen lustigen Zeitvertreib.

HERMANN HESSE

Und so wiederholt sich von Schule zu Schule das Schauspiel des Kampfes zwischen Gesetz und Geist, und immer wieder sehen wir Staat und Schule atemlos bemüht, die alljährlich auftauchenden paar tieferen und wertvolleren Geister an der Wurzel zu knicken. Und immer wieder sind es vor allem die von den Schulmeistern Gehassten, die Oftbestraften, Entlaufenen, Davongejagten, die nachher den Schatz unseres Volkes bereichern. Manche aber – und wer weiß wie viele? – verzehren sich in stillem Trotz und gehen unter.

Ich richte mich nicht gegen LehrerInnen, ganz im Gegenteil. Sie machen, soweit ich das beurteilen kann, zum größten Teil einen hervorragenden, unterbezahlten Job. Ich klage das System an, das in einem ideologischen Stillstand gefangen ist. Es wurde irgendwann für gefügige Preußen erfunden und hat sich in der Grundstruktur kaum verändert, wenngleich das Antlitz etwas freundlicher geworden ist.

ICH HATTE DAS GLÜCK, DASS MICH ALS KIND WORTE SÜCHTIG MACHTEN.

(Alles, wirklich alles von Astrid Lindgren muss man lesen. Die *Brüder Löwenherz* und *Madita* und natürlich *Pippi Langstrumpf*, das Rolemodell aller mutigen Mädchen und Buben. Aber auch Geschichten wie *Jim Knopf* und *Lukas der Lokomotivführer* können durch nichts in der Welt ersetzt werden.)

PETER BICHSEL

Es ist ein Elend für die Menschen, dass sie groß geworden sind. Sie sehen, weil sie groß sind, den Anfang des Himmels nicht mehr.

PETER BICHSEL

Ist denn Erwachsenwerden nichts anderes als das Interesse verlieren?

Zum Schluss eine Erkenntnis. Ich habe einen großen Fehler gemacht. Ich bin, wie Sie bereits wissen, sehr ordnungsliebend, und ich war stolz, als ich mit meiner Tochter Luise unsere Nachbarin im Waldviertel besuchte. Luise lief, gerade einmal vier Jahre alt, ins Wohnzimmer, sah sich um und meinte:

LUISE
Es ist mir peinlich, wie es da ausschaut.

Insgeheim war ich ein wenig stolz, dass mein Kind so etwas sagte. Gleichzeitig kämpften und kämpfen beide Töchter sehr stark gegen den Wegwerfzwang des Vaters an. Ich glaubte mich lange Zeit im Recht. Ich dachte, dass für alle gelten muss, was für mich gilt. Dass es sich besser lebt in der Ordnung und Reduktion. Ich glaube es irgendwie immer noch. Noch mehr glaube ich daran, wie wichtig es wäre, den Glauben ans eigene Rechthaben zu reduzieren. Alle Friedhöfe sind voll von Männern, die sich für unersetzlich hielten und in allen Dingen stets recht behalten mussten.

ANTWORTEN FINDE ICH FAST IMMER IN BÜCHERN.

Manchmal auch bei Wein und guten Freunden. Bei meinen Töchtern will ich mich entschuldigen, weil ich bei Wilhelm Genazino eine Erklärung gefunden habe, dass es für Kinder wichtig ist Dinge zu horten. In *Die Belebung der toten Winkel* findet sich folgender Absatz:

WILHELM GENAZINO
Zur geistigen Tätigkeit von Kindern gehört von Anfang an das Sammeln, Aufbewahren und Horten von Gegenständen. Sie erwarten sich von den Dingen Aufschlüsse über ihr rätselhaftes Kindsein inmitten einer nicht kindhaften Welt. Das Verfahren, wie Kinder zu ihren Weltdeutungen kommen, ähnelt dem der Erwachsenen; es ist zufällig und wirr, beglückend und entsetzlich, erfolgreich und enttäuschend, flau und spannend, kurz, es ist poetisch. Der Dichter teilt mit dem Kind die Offenheit seiner Weltteilnahme. Wie das Kind nimmt der Schriftsteller Kontakt mit Details und Dingen auf. Er muss in der Lage sein, mit diesen in längere Versenkungsphasen einzutauchen, auch wenn nicht klar ist, worin sich der poetische Mehrwert einer Versenkung zeigen wird.

Ich werde euch, geliebte Töchter sicher, wahrscheinlich, vielleicht … nie wieder ersuchen, euch von euren Sammlungen zu trennen!

PS. Eine kurze Liste der schönsten Genazino-Romane.

LISTE ROMANE VON WILHELM G.

Der Fleck, die Jacke, die Zimmer, der Schmerz
Leise singende Frauen
Die Ausschweifung
Die Liebe zur Einfalt
Die Obdachlosigkeit der Fische
Das Licht brennt ein Loch in den Tag
Eine Frau, eine Wohnung, ein Roman
Mittelmäßiges Heimweh
Das Glück in glücksfernen Zeiten
Außer uns spricht niemand über uns

Mehr braucht es nicht für dunkle Stunden. Oder wie ein weiterer Roman von W. G. heißt: *Ein Regenschirm für diesen Tag.* Oh Kinder, verzeiht mir. Ich liebe euch.

KINDERSERIEN, DIE MAN AUCH ALS ERWACHSENER
IMMER WIEDER SEHEN MUSS

1) Pippi Langstrumpf
2) Shaun, das Schaf
3) Meister Eder und sein Pumuckl
4) Familie Feuerstein
5) Madita
6) Michel aus Lönneberga
7) Die wunderbare Reise des Nils Holgersson
8) Die Muppet Show
9) Alice im Wunderland
10) Anne auf Green Gables

KINDERBÜCHER, DIE MAN AUCH ALS
ERWACHSENER IMMER WIEDER LESEN MUSS

1) Mira Lobe - Die Omama im Apfelbaum
2) Alles von Christine Nöstlinger
3) Alan Alexander Milne - Pu der Bär
4) Ottfried Preußler - Die kleine Hexe
5) Erich Kästner - Das fliegende Klassenzimmer
6) Maurice Sendak - Wo die wilden Kerle wohnen
7) Mira Lobe - Das kleine Ich bin Ich

Eine kurze, wahre Geschichte noch. Thomas Alva Edison kommt eines Tages von der Schule nach Hause und gibt seiner Mutter einen Brief. Er sagt: »Mein Lehrer hat mir den gegeben, und ich darf ihn nur meiner Mutter zum Lesen geben.« Die Mutter hat die Augen voller Tränen, als sie dem Kind laut vorliest: »Diese Schule ist zu klein für ihn und hat keine Lehrer, die gut genug sind, ihn zu unterrichten. Bitte unterrichten Sie ihn selbst.« Viele Jahre nach dem Tod der Mutter, Edison ist inzwischen ein Erfinder von Weltrang, findet er beim Stöbern den Brief von damals, den der Lehrer an seine Mutter geschrieben hatte. In dem Brief steht: »Ihr Sohn ist geistig behindert, wir wollen ihn nicht mehr in unserer Schule haben.«

else?

4

DEPRESSION, DU KANNST MICH MAL

–

Notizen einer Verstörung,
Begegnung mit Franz

Es kam ganz plötzlich. Die Dunkelheit biss zu. Nicht die Dunkelheit, die einen nach einer schönen Lektüre langsam in den Schlaf begleitet. Nein, die schwarze Dunkelheit, die tiefschwarze. Die dich lähmt, und die dich plötzlich verstehen lässt.

CHRISTOPH SCHLINGENSIEF

Ich bin eine Kirche der Angst ... Ich verlange, dass der Mensch aufhört so zu tun, als wissen wir, wer wir sind. Ich verlange, dass wir uns zu unserer Widersprüchlichkeit bekennen.

Diese Dunkelheit ist eine Gewissheit. Ich hatte die Gewissheit, nie wieder in die normale Realität zurückfinden zu können.

Gibt es einen Unterschied zwischen Wirklichkeit und Realität? Gibt es einen Unterschied zwischen Einsamkeit und Regentag? Ja. Nichts ist lächerlicher als der Versuch der Kontrolle. Das war mir vorher auch schon bewusst. Aber wenn plötzlich alles zusammenbricht, so wie damals, als ich nicht mehr wusste, ob ich meinen Kindern jemals wieder gegenübertreten werde können, und ganz sicher wusste, dass ich mich nie wieder vor eine Kamera oder auf eine Bühne trauen würde. Das ist eine andere Dunkelheit.

Die Band Kante singt in einem Stück:

KANTE

Ich hab' die Dunkelheit gesehen,
wie sie kein Auge vorher sah.

Ich drehte gerade einen Tatort in Stuttgart und spielte einen Mann, der sich vor Scham immer tiefer in Lügen verstrickt. Der Regisseur Martin Eigler hatte mich als Österreicher in einer rein deutschen Produktion bei der Redaktion und beim Sender durchsetzen müssen. So etwas bekommt man mit, und es macht die Aufgabe nicht unbedingt leichter. Die Erwartungen waren groß, ich musste den Film beinahe alleine tragen. Wir drehten fast ausschließlich nachts, und ich geriet immer tiefer in den Strudel. Ich konnte nicht schlafen und half mir mit Alkohol und Tabletten. Während ich im Hotelzimmer an die Decke starrte und versuchte, die komischen Gedanken zu verscheuchen, die sich immer mehr um Krankheit und Tod drehten, fiel mir ein, dass mir meine Frau Stefanie schon vor vielen Jahren sagte, dass sich die jeweilige Rolle, die ich gerade probe oder spiele, auf meinen Charakter und in weiterer Folge auf die Qualität unserer Beziehung oder auf den Umstand, den PaartherapeutInnen »Beziehungszwischenraum« nennen, auswirken würde. Ich tat dies immer als absurd ab und meinte, ich könne Beruf und Privatleben sehr wohl trennen. Schließlich schminke ich mich immer bewusst ab und ziehe mein Arbeitsgewand – also das jeweilige Kostüm – bewusst aus, um wieder zu der Person zu werden, die ich bin.

W. SOMERSET MAUGHAM AUS *THEATER*

Du existierst nicht. Du bist immer bloß eine der unzähligen Rollen, die du spielst. Ich überlege oft, ob du überhaupt je existiert hast, ob du nicht immer bloß ein Gefäß für die verschiedenen Personen warst, die du zu sein vorgabst. Wenn ich dich in dein Zimmer gehen sah, fühlte ich mich manchmal versucht, plötzlich die Tür zu öffnen, aber ich unterließ es, weil ich Angst hatte, niemanden vorzufinden.

TOCOTRONIC

Wir sind viele. Jeder einzelne von uns. Wir sind viele. Jeder geheime Wunsch. Wir sind viele, unser Name ist Legion. Wir sind viele. Ein ganzes Lexikon. Wir sind viele. Wir sind wie Orgonenergie. Wir sind viele. Eine verrückte Phantasie.

Ich war jedenfalls die 15 Jahre meines Berufslebens sicher, dass Stefanie übertreibt oder sich das nur einbildet, und dass ich sehr wohl privat immer derselbe bin. In einer dieser Nächte in Stuttgart wurde mir plötzlich ganz kalt, ich bekam Schüttelfrost und musste mich mehrmals übergeben. Und in diesem Wahn hatte ich plötzlich nur einen Gedanken: Vielleicht hat sie recht, vielleicht muss ich viel besser aufpassen, was ich spiele und ob ich mich gerade gesund genug für eine dunkle Rolle fühle. Ich habe bei Haruki Murakami etwas gefunden, was gut dazu passt. Er spricht zwar vom Schreiben, aber Spielen ist dem sehr ähnlich. Es geht in beiden Fällen darum, etwas zu erschaffen. Und es geht in beiden Fällen darum, es mit Dämonen aufzunehmen.

HARUKI MURAKAMI

Schreiben ist eine ungesunde Tätigkeit. Wenn man eine Geschichte konzipiert, wird tief im Innern des menschlichen Wesens eine Art Gift abgesondert, das dann zur Oberfläche steigt. Mit diesem Gift gilt es gekonnt umzugehen, denn es ist wie beim Fugu, dessen schmackhafteste Stelle sich dort befindet, wo das Gift am nächsten ist. Künstlerisches Schaffen umfasst also von vornherein ungesunde und asoziale Elemente.

Ich drehte den Film zu Ende. Es ist erstaunlich, was ein Körper noch mitmacht, obwohl er dir schon permanent Signale sendet, dass er eigentlich nicht mehr kann. Aber Film kostet Geld, und man will nicht den ganzen Tross aufhalten. Vor allem mit welcher Begründung? Mir fehlte ja nichts. Sollte ich sagen: Ich kann nicht drehen, weil ich in der Nacht Angst habe? Also drehte ich die Kiste irgendwie zu Ende. Danach hatte ich zum ersten Mal seit Jahren knapp zwei Monate frei, aber ich war so müde, dass ich diese Zeit irgendwie nicht genießen konnte. Bis dahin hatte ich immer wieder von Panikattacken gehört, das aber als Künstlereinbildung, ähnlich dem Burn-out im Management, abgetan. Etwa eine Woche nach dem letzten Drehtag saß ich mit meinen Töchtern in der Straßenbahn und bekam plötzlich die größte Angst, die ich jemals verspürte. Ich begann zu zittern, der Körper schien seine Funktionen herunterzufahren, und mir schossen Tränen waagrecht aus den Augen. Aber das Schlimmste war: Ich hatte plötzlich das Gefühl, dass das dünne Eis der Normalität bricht. Dass ich verrückt werde, ich kann es nicht anders sagen, dass sie mich einsperren, wegsperren, dass ich diese Kinder nie wiedersehen werde. Normalerweise würde ich versuchen, solche Emotionen vor meinen Kindern zu verstecken, weil ich sie nicht verunsichern will, aber das ging nicht mehr.

Es ging gar nichts mehr. Es war, als hätte jemand endgültig den Stecker gezogen. Gleichzeitig verlor ich jeden Bezug. Ich wusste nicht mehr, wie ich atmen sollte, geschweige denn, wie es möglich sein sollte, in den nächsten Minuten nicht aus dieser Straßenbahn zu stürzen und mich vor den nächsten Bus zu schmeißen. Es folgten Nächte, in denen ich mit dem Kopf gegen die Wand rannte, um körperliche Schmerzen zu provozieren, um diesem Irrsinn irgendwie zu entkommen. Ich hörte rund um die Uhr *The National*, weil Matt Berningers Stimme die einzige war, vor der ich keine Angst hatte. Und ich ging bis zu sieben Mal täglich laufen, weil mir das als letzte Möglichkeit erschien, nicht zu explodieren. Das meine ich nicht metaphorisch. Ich hatte Angst davor zu explodieren. **ICH HATTE ANGST DAVOR ZU EXPLODIEREN.** Wochenlang lag ich da und konnte nur drei Stimmen ertragen.

Mnemosyne *Ja Garbarek*
Göttin d. Gedichtis   Hilliard Ensemble

STIMMENLISTE

1) Montserrat Caballé
2) Matt Berninger
3) Bob Dylan

1) Ich bin eigentlich kein Opernfan, aber Montserrat Caballés Stimme tanzt irgendwo in anderen Sphären. Ein Dämmerzustand zwischen Himmel und Erde. Möglicherweise der einzige Beweis für Übersinnliches, den ich gelten lassen würde. Außerdem fällt mir der Reim aus einem Kettcar-Song ein.

KETTCAR - *ICH DANKE DER ACADEMY*
Knalle es mit Edding an die Wände,
solange die dicke Frau noch singt, ist die Oper nicht zu Ende.

2) Matt Berninger und seine Band *The National* sind im Moment eh sehr angesagt. Ich werde sie aber noch hören, wenn sie das nicht mehr sind. Nichts beruhigt mich mehr als diese Stimme.

THE NATIONAL
… with my kid on my shoulders I try not to hurt anybody I like – but I don't have the drugs to sort it out …

3) Bob Dylan ist nicht nur der König der Welt. Er soll auch als Beweis für die Theorien dieses Buches herhalten. Der große Verwandte von Melvilles Bartleby: »I would prefer not to …«

LISTE DYLAN (eine Momentaufnahme)

Not Dark Yet
Make You Feel My Love
Red River Shore
Tempest
When I Paint My Masterpiece
If Not for You

Gestern war der schlimmste Tag meines Lebens. Ich habe gedacht, dass ich wirklich die Kontrolle verloren habe. Es ist ein kleiner Schritt zwischen Normalität und Wahnsinn. Theoretisch wusste ich das schon immer. Aber jetzt habe ich die körperliche Erfahrung dazu gemacht. Und wahrscheinlich ist jede Erfahrung nur körperlich möglich. Plötzlich machte auch das dumme Sprichwort »Wer nicht hören will, muss fühlen« Sinn. Mir sind plötzlich alle Zivildienst-Klienten wieder in den Sinn gekommen. Jeden einzelnen habe ich so richtig verstanden.

Ich durfte meinen Zivildienst auf der Psychiatrie absolvieren. Präziser gesagt, im psychosozialen Dienst in Baden. Ich bin den Menschen dieser Einrichtung sehr dankbar, weil sie mir viel zutrauten und einen großen Einblick in ihre Arbeit gewährten. Die Krankheiten und die Schicksale dieser Menschen zogen mich derart in ihren Bann, dass ich sogar kurz überlegte, beruflich in diesem Bereich zu bleiben. Ich hatte schon über Art brut maturiert und bin bis heute fasziniert, wie wir als Menschen versuchen, so zu tun, als sei alles normal, als hätten wir alles unter Kontrolle. Ich habe dann beschlossen, Schauspieler zu werden, aber das Wissen um die Brüchigkeit unserer Wirklichkeit immer in meinem Beruf und in meinen Rollen versucht zu berücksichtigen. Wenn Sie tiefer in die Materie eintauchen wollen, besuchen Sie Gugging und die Galerie.

TRAUMSEQUENZ – NOTIZEN EINER VERSTÖRUNG

Ich erwache auf der Baumgartner Höhe. Es ist niemand da. Ich liege in einem Mehrbettzimmer. Die anderen Betten scheinen leer. Ich dämmere so vor mich hin. Und merke im Halbtaumel, dass das Bett neben meinem doch besetzt ist. Ein kleiner, etwa neunjähriger Bub liegt neben mir. Er hat pechschwarzes Haar und bei genauerem Hinsehen sehe ich, dass er einen Schnurrbart wie Charly Chaplin trägt. Das könnte mich natürlich irritieren, tut es aber komischerweise nicht. Er sieht mich lange an, plötzlich öffnet er seinen Mund und spricht.

FRANZ
Hallo Manuel.

MANUEL
Hallo ... woher kennst du mich?

Und in einem Anflug von Arroganz füge ich hinzu:

MANUEL

Wahrscheinlich aus dem Fernsehen.

FRANZ

Immer wenn ich den Fernseher aufdrehe, denke ich mir: zum Glück gibt's Internet. Nein, ich kenne dich schon viel länger.

MANUEL

Echt?

FRANZ

Ja, aus deiner Kindheit. Ich bin Franz, dein unsichtbarer Freund aus Kindertagen. Du hast mich erfunden, als dich deine Eltern bei Ikea im Bällebad vergessen hatten. Dann war ich für zwei Jahre dein Ein und Alles.

MANUEL

Mmmm.

FRANZ

Doch von einem Tag auf den anderen hast du mich plötzlich vergessen und nicht mehr gebraucht.

MANUEL

Warum das denn?

FRANZ

Es war, als du es endlich eine Nacht geschafft hast, nicht ins Bett zu machen.

MANUEL

Too much information!

FRANZ

Da hattest du keine Verwendung mehr für mich. Und seither hänge ich in einem Zeitloch fest, wie eine SMS, die abgeschickt wurde an ein Handy, das ausgeschaltet ist.

MANUEL

Du bist gar nicht gewachsen seit damals. Auch tragisch. Warum bist du jetzt wieder da?

FRANZ

Heute Nacht war es kritisch. Du hattest eine Psychose und da hast du dich wieder erinnert und nach mir gerufen. Ein Hilferuf.

MANUEL

Das halte ich für ein Gerücht.

FRANZ

Jetzt ist es Tag, da fühlst du dich sicher. Aber wenn die Dämmerung kommt, wirst du wieder winseln. Die Dämmerung muss man ertragen können. Nur wer die Dämmerung übersteht, wird auch die Nacht überleben.

MANUEL

Ganz ehrlich. Das ist kindisch. Ich habe keine Zeit für dich.

FRANZ

Ich hätte mir das Wiedersehen freudvoller vorgestellt.

MANUEL

Das tut mir leid für dich. Aber die Zeiten haben sich geändert. Wir leben in einer Gesellschaft, in der keine Zeit mehr ist für Tagträumereien.

FRANZ

Ich hatte jetzt 30 Jahre Zeit, die Welt, in der du herumkasperst, zu beobachten. Bis jetzt hattest du Glück, aber was ist, wenn du nach diesem Zusammenbruch wirklich nicht mehr arbeiten kannst? Du bist 40. Der Markt hat keine Verwendung mehr für dich. Weil sie aber noch auf deine Kaufkraft setzen, tun sie so, als stünden dem Fleißigen alle Türen offen.

MANUEL

Uiiii, Gesellschaftskritik, spannend.

FRANZ

Dein Zynismus ist nicht angebracht. Sie nennen es Start-up oder Ich-AG. Das sind andere Worte für Prekariat. Man könnte auch sagen: Optimismus ist eine Form von Informationsmangel. Außerdem solltest du nicht so viel trinken, wenn du Tabletten schluckst.

MANUEL

Ok, es reicht. Ich würde gerne weiterschreiben.

FRANZ

Du kannst ohne mich nicht weiterschreiben.

MANUEL

Wieso nicht?

FRANZ

In gewisser Weise bin ich nichts anderes als deine, wenngleich eingeschränkte, Fantasie. Deswegen bin ich auch so klein.

MANUEL

Was zur Hölle redest du da?

FRANZ

Die Hölle, das sind die anderen. Kleiner Bildungsbürgerwitz.

MANUEL

Aber das ist ein Buch, also es soll eines Tages eines werden, und ein Buch schreibt man eher alleine. Außerdem schreibt eh schon die Doris mit, und das ist genug.

FRANZ

Ich wollte dir auch noch sagen, dass du mit dem Alkohol echt aufpassen solltest.

MANUEL

Im Koran steht »wenn das, was du zu sagen hast, nicht schöner klingt als die Stille, dann schweige.« Das stünde dir auch gut zu Gesicht.

FRANZ

Verzeih, dass ich es unterlasse, mir deinen Rat zunutze zu machen, der sonst mein ständiger Begleiter sein soll.

MANUEL

Musst du so geschwollen reden?

FRANZ

Nein, ich kann auch anders.
Was sagt eine Blondine mit Burn-out zu ihrem Therapeuten? I dablos es nimma!

FRANZ

Kommt eine Blondine in eine Bibliothek und sagt: Ich hätte bitte gerne ein Big Mac-Menü. Sagt die Bibliothekarin: Sie befinden sich hier in einer Bibliothek. Daraufhin flüstert die Blondine: Ich hätte bitte gerne ein Big Mac-Menü.

MANUEL

Kennst du nur Blondinenwitze?

FRANZ

Wie gesagt, du warst neun, als du mich plötzlich nicht mehr brauchtest, und da waren solche Witze bei dir gerade in Mode. Weißt du, die Poesie ist eine Lüge, die wir erfunden haben, um uns weiszumachen, ab und zu könnten wir auch zärtlich und zivilisiert sein. Ich habe dir den ganzen Abend schon zugehört. Ich weiß nicht, woher du die Kraft nimmst, dir unaufhörlich neue Aktualneurosen zu leisten. Normale Individuen wären längst schon vor Erschöpfung eingegangen.

MANUEL

Du redest ganz schön viel.

FRANZ

Menschen, die viel allein sind, hören ihre Gedanken lauter als andere.

MANUEL

Das ist ganz schön viel Meinung für so wenig Ahnung. Weißt du, Einstein sagt: Kreativität ist Intelligenz, die Spaß hat. Du bist ja meistens unglücklich …

FRANZ

Jaja, dein angelesenes Halbwissen war früher schon unerträglich. Es ist übrigens so, dass Orgasmus und Schadenfreude vom Gehirn ähnlich empfunden werden. Und da es meine Bestimmung ist, dich zu beobachten, fühlt es sich an, als hätte ich ein erfülltes Sexualleben. Ich bin ja froh, dass ich in einer anderen Zeit jung war als heute. Diese Übersexualisierung ist grauenhaft. Und alle sind immer gleich süchtig. Ich bin mir sicher, die Sexsucht wurde von jemandem erfunden, der beim Fremdgehen erwischt wurde.

MANUEL

Ich muss jetzt wirklich weitermachen.

FRANZ

Wieso, du schreibst doch eh übers Aufhören. Und immer diese Egotrips. Warum hat man vergessen, dass Menschen eigentlich gemacht sind, um zusammenzuarbeiten? Was ist da passiert. Der erste Walkman hatte zwei Kopfhöreranschlüsse, weil sich die Produzenten nicht vorstellen konnten, dass es Menschen geben könnte, die allein Musik hören wollen. Die grauen Männer sind längst Realität, und auf den taghellen Boulevards schlendern finstere Träume … Ich verschwinde jetzt wieder, weil die Ärztin zur Visite kommt. Schau mal, wie du ohne mich zurechtkommst.

MANUEL

Franz, Franz … warte!

DR. PRIESCHING

Herr Rubey, guten Morgen, wie geht es uns heute?

MANUEL

Wie es Ihnen geht, weiß ich nicht, mir geht es gut. Ich würde gerne nach Hause gehen.

DR. PRIESCHING

Sehr lustig. Ihr Zynismus wird Ihnen hier drinnen nicht weiterhelfen. Sie können auch so bald nicht nach Hause gehen. Wir haben mitgeschnitten, was Sie alles so von sich gegeben haben im Traum. Ich fürchte, es sind noch einige große Themen, die wir gemeinsam abarbeiten müssen, bevor Sie hier rausdürfen. Zuallererst würde mich interessieren. Wer ist Franz?

Natürlich weiß ich, dass es wohl um eine Ignoranz ging, die ich meinem Körper in den letzten Jahren zugemutet hatte. Ich bin seither viel langsamer in allem geworden, und ich versuche, auf die ersten Anzeichen zu hören und Nein zu sagen. Eine Restangst, dass die Dämonen zurückkommen könnten, bleibt, aber ich stelle ihr jeden Tag meine Liebe entgegen, meine Demut und meine langen langsamen Spaziergänge. **DAS LEBEN IST SCHÖN.**

PS: Ein kleiner Zusatzgedanke, junge Menschen würden wohl Funfact dazu sagen: In der Zeit, als sich diese Panik zutrug, bekam meine Tochter ihren Hund. Wir hatten uns lange gesträubt, aber es war ihr über Jahre so wichtig, dass wir nachgaben. Zumal bei Bekannten gerade eine Trächtigkeit festgestellt wurde. Also genaugenommen bei deren Hündin Bowie, und wenn ein Hund schon nach diesem Mann benannt ist, kann es ja nicht ganz schlecht sein.

Außerdem hatte ich gehört, dass diese Tiere schlechte Energie fressen, und ich wollte meine Hundeangst eh schon längste Zeit einmal bekämpfen. Natürlich gab ich in meiner Verzweiflung auch dem Hund die Schuld an meiner Panik. Man sucht oft zuerst und lange Zeit im Außen nach Gründen, bevor man sich auf sich selbst einlässt. Ich wollte das Tier wieder loswerden. Ein Hund gehört nicht in eine Wohnung und in eine Stadt schon gar nicht! Wir gingen regelmäßig in die Hundeschule, weil es Ronja wichtig war, dass der Hund gute Manieren hat. Die Hundetrainerin ist eine junge, sehr selbstbewusste Frau, die in allen diese Vierbeiner betreffenden Fragen keine zweite Meinung zulässt.

MANUEL
Sie (der Hund) hat Mundgeruch, und es ist uranstrengend, und was mache ich mit den Haaren überall? Ich kann ja nicht dreimal am Tag die Wohnung saugen?!

HUNDETRAINERIN K.
Weißt du, was ich dir empfehlen würde: Stofftier!

Seither liebe ich unsere lebendige Freundin. Und bin dankbar für diese Lektion.

VIOLETTA PARISINI
Du bist das Blei in
meinen Beinen, du bist
das Weh in meinem Kopf,
du bist die lähmendste
Begleitung und das
allertiefste und allerschwärzeste Loch …

Parisini verharrt nicht in der Depression, sie verabschiedet die ungeliebte Begleiterin in einer überraschenden Wendung:

VIOLETTA PARISINI
Depression, ich bin dich los, du kannst mich mal,
versuch's nur bloß, ich schmeiß dich weg, ich hau'
dich raus, ich sing' dich ganz aus mir heraus*.

---

* **Anspieltipp:** Violetta Parisini *Die Dunkelheit hat keine Farben*.

5

HINTER DEN KULISSEN DER TRAUM- FABRIK

–

Sitzen zwei Männer auf einer Parkbank
vor einem Stundenhotel in Wien

Auf der Bühne war ich regelmäßig aus der Rolle gefallen und hatte mich ans Publikum gewandt. Nach den ersten Drehtagen in Hollywood sagte der Produzent: »Groucho, du kannst nicht einfach aus der Rolle fallen und dich direkt ans Publikum wenden.« Wie alle Menschen, die an Traditionen kleben, lag er falsch. Ich sprach in all meinen Filmen mit dem Publikum.

Ich habe lange gezögert, bis ich mich an dieses Kapitel herangetraut habe. Über meinen Beruf zu schreiben ist mir sehr wichtig, aber es ist auch schwierig. Wo fange ich an? Klar könnte ich Ihnen erzählen: Ich bin Schauspieler, und dafür muss man an eine Schauspielschule gehen, und dann kann man diesen Beruf ausüben. Aber das hat mich so nie interessiert, und ich vermute, das würde auch Sie nicht sonderlich vom Hocker reißen. Woran ich seit Jahren arbeite und was ich beruflich darzustellen versuche, dafür gibt es keine Schule oder Universität. Ich wollte nicht abhängig sein von Leuten, die mir einen Job geben, wollte nie fest an einem Theater hängen bleiben und auch nie in der Situation sein, verzweifelt vor dem Telefon zu sitzen und zu warten, bis der Agent anruft. Ich hatte schon als Kind im engsten Umfeld einige Male mitbekommen, dass man als KünstlerIn auch scheitern kann. Deshalb habe ich mich immer auch als Unternehmer gesehen. Ich hatte mir als Ziel gesetzt, ab meinem 25. Lebensjahr von meinem Beruf leben zu können. Andernfalls würde ich umsatteln. Ich fühle mich zuallererst meinem Publikum verpflichtet, und ich bin dankbar, weil ich das Gefühl habe, dass viele Menschen diesen Weg mitgehen und sagen: Mal schauen, was er als Nächstes macht. Sie gehören dazu, denn Sie haben dieses Buch gekauft. Danke dafür.

WIR
Hinter den Kulissen der Traumfabrik!

Dieser Satz fällt auf Tour immer, wenn wir wieder einmal in eine besonders glamouröse Garderobe verfrachtet werden. Oftmals sind es fensterlose Abstellkammerln, und um zu pinkeln, muss man an allen Zuschauern vorbei, die sich vor der Vorstellung noch an Schnitzel und Schweinsbraten laben, und sich begaffen lassen wie ein exotisches Tier im Zoo, weil die Garderobe kein eigenes Klo hat. Es gibt auch einen Auftrittsort in Wien, wo der Backstage-Bereich zwar ein Fenster, aber keine Toilette hat. Wer muss, klettert aus dem Fenster und uriniert dem Nachbarn in den Garten.

Einmal saßen wir in einer Garderobe, der sogenannte Catering-Rider war wieder einmal ignoriert worden, und wir fragten, ob wir vielleicht eine Flasche Mineralwasser haben könnten. Die Antwort war:

VERANSTALTER
Müsste ich jetzt extra holen.

Es entspricht auch der Wahrheit, dass man uns einmal nicht ins Theater lassen wollte. Wir hatten es verabsäumt, uns für unsere eigene Vorstellung Karten zu kaufen. Der Mann an der Kasse hatte uns nicht erkannt. Als man ihn aufgeklärt hatte, sagte er:

KASSAMANN
Ich interessiere mich halt nicht so für Kunst.

LORIOT
Alles, was ich als komisch empfinde, entsteht aus zerbröselter Kommunikation, aus dem Aneinander-Vorbeireden, aus den Problemen sich zu äußern. Aber auch daraus, das Gesagte zu verstehen. Komik besteht aus absichtlichem und unabsichtlichem Missverstehen, aus all diesen Verknotungen und Schwierigkeiten.

Lassen Sie mich noch ein paar Anekdoten schleudern, sie gehören nun mal dazu, zu den viel zitierten Brettern, die die Welt bedeuten. Auch um zu begründen, warum ich sage, wenn mich junge Menschen fragen, ob ich ihnen diesen Beruf empfehlen würde:

NUR WENN EUCH WIRKLICH GAR NICHTS ANDERES EINFÄLLT.

Mit meiner ersten Band Mondscheiner spielten wir um die hundert Konzerte. Bei den ersten 70 zahlten wir drauf. Wir schliefen auf Bühnen und ließen uns von betrunkenen Securitytypen, die eigentlich auf uns aufpassen sollten, anpöbeln. Ich habe mich einmal von der Bühne herab mit einem Glatzkopf angelegt und war dann den ganzen Abend nach dem Konzert in dieser kleinen Gemeinde, wo wir gespielt hatten, vor ihm auf der Flucht.

In Neusiedl am See haben wir einmal vor vier Leuten angefangen und vor zwei aufgehört, und in Haag in Oberösterreich waren es elf zahlende Gäste. Der Wirt flößte unserem Schlagzeuger während des Gigs unaufhörlich Wodka ein, sodass dieser irgendwann einfach vom Hocker fiel. Direkt vor der Bühne saß ein Paar. Sie strahlten und sagten danach, dass sie gerade beschlossen hatten zu heiraten und ob wir auf ihrer Hochzeit spielen wollten. Wir sagten zu und haben das drei Jahre später auch eingehalten.

Es gibt zu diesem Thema ein großartiges Buch von Rocko Schamoni *Sternstunden der Bedeutungslosigkeit*. Was für ein Titel![*]

Das »Wir«, von dem hier immer wieder die Rede ist, bezieht sich auf viele verschiedene Konstellationen, mit denen ich in den letzten 20 Jahren so durch das Land gereist bin.

Es war mir immer wichtig, Dinge selbst zu kreieren und mit Menschen, die ich gut finde, die mich inspirieren, zusammenzuarbeiten. Das ist bis heute der Kern meiner Arbeit. Manche Menschen kommen dazu, manche gehen, manchmal verliert man auch das Interesse aneinander. Wie im echten Leben halt. Aber ich glaube, dass das Zusammenarbeiten mehr als die Summe der einzelnen Teile sein kann. Das Motto dazu wollen wir uns von Schumann ausborgen:

ROBERT SCHUMANN
Licht senden in die Tiefen des menschlichen Herzens –
des Künstlers Beruf.

Und dennoch ist die Kreativität meistens etwas sehr Einsames, und sie ist nach dem Schlaf die zweitexklusivste Diva. Man muss ihr mit großer Disziplin und Ausdauer begegnen. Der norwegische Schriftsteller Tomas Espedal setzt sich nur in Anzug und Krawatte an den Schreibtisch. Er sagt, er mache das, weil er ein höflicher Mensch sei und dem Unbewussten und den Dämonen, die über seinen Schreibtisch kriechen, nicht im Pyjama begegnen möchte. Er will seine beste Seite zeigen. Ich finde das rührend, absurd und richtig.

---

[*] Lesen Sie auch von Heinz Strunk *Fleisch ist mein Gemüse*. Und wenn Sie sehr mutig sind, *The Dirt*, die Bandautobiografie von Mötley Crue.

Ästhetiker sind seltsame Leute. Sie lieben die Künste und die Ordnung und bringen deshalb Ordnung in die Kunst. Nur täte man solchen Fanatikern der Ordnung schweres Unrecht, wenn man sie für Pedanten halten wollte. Nein, sie wissen um das Urgeheimnis der ordnenden Tätigkeit, und das lautet: Wer Ordnung schafft, schafft. Wer Ordnung schafft, gewinnt Einblick in die Zusammenhänge und Einsicht in die Bedeutung der Gegenstände. Indem er die Vielfalt ordnet, findet er ihre Gesetze. Die Kenntnisse kristallisieren sich zur Erkenntnis, und diese zeugt aus sich heraus oft überraschende, vorher nie gewusste, durch bloßes Suchen niemals auffindbare neue Kenntnisse.

Hier überschneidet sich einiges mit dem Kapitel übers Aufräumen, siehe Seite 18. Aber es hängt für mich eben ursächlich zusammen.

Die Schauspielschule hat keine zehn Prozent dessen übernommen, worum es mir geht und was ich versuche herauszufinden. Es bleibt die tägliche Aufgabe, sich selbst auszubilden, man muss neugierig sein auf die Welt, in der man lebt. Gehen Sie tiefer als jede(r) andere. Googeln Sie Ihre Träume! Mir ist bewusst, dass wir SchauspielerInnen, MusikerInnen – kurz KünstlerInnen (diesen Begriff zu verwenden, bleibt schambehaftet für mich, vielleicht weil er ins Esoterische hineinstrahlt und man da nicht anstreifen will) eine Projektionsfläche darstellen für sehr viele Menschen, die sich daran erinnern, wie sie als Kinder auch schöpferisch tätig waren und sich dies aus verschiedensten Gründen, die mit dem Älterwerden begannen, untersagen. Ich merke das daran, wenn mir Menschen nach Vorstellungen erzählen, dass sie einmal in einer Band oder in einer Theatergruppe spielten, dass sie Gedichte schreiben und vieles mehr. Ich habe meistens Verständnis dafür, möchte an dieser Stelle aber doch meinen Kollegen Alex Kristan zitieren:

Ich gehe ja auch nicht zum Marcel Hirscher und sage: Ich fahre auch Ski.

Das ist arrogant, aber sehr lustig. Und dennoch bleibt es ein Sehnsuchtsbild, das nichts mit der Realität zu tun hat. Weil etwas zu erschaffen ist sehr harte Arbeit und erfordert Disziplin und Zeit. Und es ist nicht jeder so begabt wie Franz Kafka und J. K. Rowling und schreibt nebenberuflich Weltliteratur. Lassen Sie mich kurz in Bildern sprechen. Immer wieder begeben wir uns auf einen riesengroßen Acker. Das Feld ist schlecht bestellt und unendlich weit. Wir fangen irgendwo mit dem Umstechen an. Wir sind hier völlig ungeschützt und sehr verletzungsanfällig. Wenn wir Glück haben, sprießen nach Wochen ein paar wenige, zarte Blumen, von denen wir nicht wissen, zu welcher Sorte sie gehören, ob sie duften oder nicht oder ganz im Gegenteil, giftig sind und wie lange ihre Lebensdauer sein wird.

Wir müssen lernen, uns eine dicke Haut zuzulegen, weil es komisch bleibt, immer beurteilt zu werden und gleichzeitig müssen wir offen bleiben und neugierig, weil sonst würden wir nichts mehr (er-)schaffen können.

Ich halte es auch für wesentlich zu definieren, auf welcher Seite man steht. In diesem Beruf muss man, und jetzt wird es ein wenig pathetisch, alles in die Waagschale werfen und sich selbst zur Disposition stellen.

Nun denn, wenn ich mich schon in dieses Thema hineintheatert habe, versuchen wir uns also diesem Wunder Kreativität zu nähern.

Wie passieren Dinge? Wie entstehen diese Welten, die uns im allerbesten Fall verzaubern und uns mit den großen Fragen der Existenz konfrontieren, oder und das ist wie gesagt auch schwer genug, einfach nur unterhalten. Der Maler Lucien Freud sagt:

> **LUCIEN FREUD**
> Wenn ich überhaupt ein Geheimnis habe, dann ist es Konzentration, und das ist etwas, dass man niemandem beibringen kann.

Es gibt ein sehr gutes Buch von Austin Kleon, und es heißt *Steal like an artist*. Ein paar Auszüge. Aber am besten ist, Sie besorgen sich das ganze Buch.

> **AUSTIN KLEON**
> You don't want to look like your heroes. You want to see like them.
>
> You should wonder about things, nobody else is

wondering about. The more open your are about sharing your passions, the closer people will feel to your work.

People love it when you give your secrets away and if you are smart about it, they will reward you by buying the things you are selling.

John Cleese darf hier nicht fehlen. Er kommt allerdings deutlich aus einer anderen Generation.

JOHN CLEESE
We don't know where we get our ideas from. What we do know is that we do not get them from our laptops.

Oder David Foster Wallace:

DAVID FOSTER WALLACE (CONT'D)
Die wirklich wichtige Freiheit erfordert Aufmerksamkeit und Disziplin, Offenheit und Mühe und die Empathie, andere Menschen wirklich ernst zu nehmen und Opfer für sie zu bringen, wieder und wieder, auf unendlich verschiedene Weisen, völlig unsexy, Tag für Tag. Das ist wahre Freiheit. Das heißt es Denken zu lernen.

Die Tänzerin und Choreografin Agnes de Mille beschreibt das so:

AGNES DE MILLE
There is a vitality, a life force, an energy, a quickening that is translated through you into action, and because there is only one of you in all of time this expression is unique. And if you block it, it will never exist through any other medium and it will be lost. The world will not have it. It is not your business to determine how good it is nor how valuable nor how it compares with other expressions. It is your business to keep it yours clearly and directly, to keep the channel open. You do not even have to believe in yourself or your work. You have to keep yourself open and aware to the urges that motivate you. Keep the channel open … No artist is pleased. There is no satisfaction whatever at any time. There is only a queer divine dissatisfaction, a blessed unrest that keep us marching and makes us more alive than others.

getriebe sein

Das hängt seit einigen Jahren über meinem Schreibtisch. Das ist für mich so nah an der Wahrheit wie Worte sein können.

Je leichter es aussieht, desto schwerer war die Arbeit. Das stelle ich mal so in den Raum. Wenn mich Leute nach der Vorstellung ansprechen und sagen: »Man sieht deutlich, dass ihr auch einen Spaß auf der Bühne habt's«, dann nicke ich und sage: »Ja, stimmt.« Was ich nicht sage, ist, dass es zunächst 1000 Vorstellungen braucht, bei denen man sehr wenig bis überhaupt keinen Spaß hat, weil man noch so überfordert ist. Weil man mit Nervosität, übertriebenem Ehrgeiz und Selbstüber- oder -unterschätzung zu kämpfen hat. In einem Interview mit Judith Holofernes[*] sagt Philipp Grütering von der Band Deichkind, dass gerade das Parolenhafte mit kluger und ironischer Schlagseite sehr harte, lange Arbeit ist. Eines von vielen Beispielen dieser Band ist der Song *Leider geil*. Vieles ist geil, aber irgendjemand muss immer dafür bezahlen. Wenn man Deichkind hört, denkt man ständig, so geil, so richtig, das hätte mir auch einfallen können. Mag sein, ist es aber nicht.

LISTE MEINER AKTUELLEN LIEBLINGSPODCASTS

Salon Holofernes

Die Zeit - Alles gesagt

Radiolab

Ö1-Journale

Reflektor

WTF with Marc Maron

Der Standard - Serienreif

Obschon ich mich nie als Musiker im klassischen Sinne gesehen habe, liebe ich Musik und werde Konzerte geben, solange es irgend- jemand hören will. Meine Leidenschaft und Profession, wenn man in diesem Beruf überhaupt jemals dahin kommen kann, ist aber die

---

[*] Eine gute Gelegenheit für ein paar Podcasts Werbung zu machen. Judith Holfernes ist Sängerin, Frontfrau der mittlerweile aufgelösten Band *Wir sind Helden* und Podcasterin.

Schauspielerei oder noch konkreter: die Komödie. Die Komödie ist hierzulande, wie ich finde, massiv unterschätzt, weil das Drama durch die Theatertradition einerseits und die Filmkultur, angeführt von Ulrich Seidl und Michael Haneke, feuilletonistisch ständig hochgejazzt wird. In England und Amerika funktioniert das anders, da dürfen Komödie und Tragödie gleichberechtigt koexistieren.

ICH FINDE, KOMÖDIE IST DIE KÖNIGSKLASSE, UND HUMOR MACHT UNS ZU DEM, WAS WIR SIND.

Mein erstes Engagement nach der Schauspielschule war ein Jahresvertrag am Landestheater in Linz. In der Abteilung Kinder und Jugendtheater. Wir spielten 180 Vorstellungen. Die meisten davon um 11 Uhr früh, und oftmals mussten wir unterbrechen, weil es so laut war, dass wir die PartnerInnen auf der Bühne nicht mehr verstanden. Es gab aber auch Vorstellungen, die ganz pur und intensiv waren. Die erste Premiere war *Schmetterling*, ein Stück über ein magersüchtiges Mädchen. Ich spielte den Bruder des Mädchens. Ich hatte im zweiten Bild meinen ersten Auftritt. Ich sollte in das »Kinderzimmer« meiner Schwester treten und sie irgendetwas fragen. Noch bevor ich etwas sagen konnte, sah ich einen dicken Buben in der ersten Reihe vor seinem Sessel lümmeln und mich verächtlich anschauen. Ich weiß nicht warum, aber ich erstarrte kurz, Zeit genug für den Buben mit fester Stimme zu sagen:

DICKER BUB
Du bist schiach!

Oh holde Kunst! Es war trotzdem eine tolle Zeit, dieses Linzer Jahr. Die Leiterin Heidelinde Leutgöb ist eine ausgezeichnete Regisseurin und Ermöglicherin, und ich bin ihr bis heute sehr dankbar. Dennoch war mir nach einem Jahr klar: In ein festes Engagement gehe ich nie wieder. Ich will mir selbst aussuchen, was ich spiele, wann ich spiele und mit wem ich spiele. Die wichtigste Entscheidung im Leben ist die Partnerwahl. Das gilt auch für die Kunst. Ich weiß, dass es nicht immer leicht ist, mit einem zusammenzuleben, der tut, was ich tue. An dieser Stelle vielen Dank, dir, Stefanie, Liebe meines Lebens. Vor allem, weil du mich schon wolltest, als ich noch am Kindertheater herumhopste, von der Musik kaum leben konnte und deinen Eltern zu Weihnachten Gedichte vorlas, weil ich keine Kohle hatte.

Die ersten Jahre in diesem Beruf sind im Regelfall hart. Man ist unterbezahlt und wird oft schlecht behandelt. Ich habe weit über 50 Castings gemacht, bis ich das erste Mal eine kleine Rolle bekommen habe. Es war eine Kinowerbung für die Tageszeitung *Kurier*, und ich fühlte mich am Ziel meiner Träume. Zumindest für kurze Zeit. Bis heute ist es so, dass von zehn meiner Castings im Durchschnitt eines erfolgreich ist. Mein Agent tröstet mich gerne und sagt, ich könne froh sein, dass ich überhaupt eingeladen werde. Ein großer Teil der KollegInnen darf nicht einmal vorsprechen. Bitte verstehen Sie mich nicht falsch, ich liebe diesen Beruf, aber dieses Buch gibt mir einmal Gelegenheit, auch die andere Seite zu zeigen. Die wochenlange, selbstverständlich unbezahlte Vorbereitung auf ein Casting, der Zweifel, die falschen Hoffnungen und das Dilemma, dass wir eben kein richtiges, greifbares Produkt herstellen. Dass eine Absage sich ganz oft auch wie eine Verletzung oder Wunde anfühlt. Zumindest in den ersten Jahren.

ARTHUR SCHOPENHAUER
Hoffnung ist die Verwechslung des Wunsches einer Begebenheit mit ihrer Wahrscheinlichkeit.

So oder so ähnlich. Es geht, ähnlich wie im Leben, um das Dazwischen. Gut essen und mit Freunden Wein trinken ist leicht, auf einem Set von allen umsorgt zu werden und sich zwischen den Szenen in seinen Wohnwagen zurückziehen auch. Aber wie geht man mit den Absagen, Erniedrigungen und Durststrecken um? Ein großer österreichischer Fernsehsender machte einst eine Sitcom, von der er (der Sender, wer auch immer das ist) sich viel versprach. Es gab dafür ein offenes Casting. Soll heißen: Jede(r), die/der sich irgendwie berufen fühlte, durfte an einem der Tage kommen, eine Nummer ziehen und dann stundenlang warten. Die Drehbücher wurden nicht herausgegeben. Wir hatten nur einzelne Szenen bekommen. Ich war im ersten Jahr an der Schauspielschule, und wir waren ein paar SchülerInnen, die sich gemeinsam aufgemacht hatten, eine der begehrten Rollen zu ergattern. Wir fragten, was das genau für eine Geschichte sei und wie das so werden soll. Die Antwort war:

CASTERIN
So wie *Friends*, nur lustiger.

In diesem Satz steckt der surreale österreichische Größenwahn.

Ich bekam die Rolle nicht, aber bald darauf wurde, noch bevor die erste Folge ausgestrahlt war, über einen Nachfolger nachgedacht, und man drehte einen Piloten für selbigen. Damit man diesen bald nach dem geplanten Straßenfeger hinterhersenden könnte. Ich ergatterte die Rolle eines sogenannten »Love Interest« der Hauptdarstellerin. Man hatte ein Studio gebaut und extra einen jungen deutschen Regisseur eingeflogen, der sich bei der RTL-Soap *Gute Zeiten, schlechte Zeiten* bewährt hatte. Geprobt wurde nicht. Der Regisseur war damit beschäftigt, die Hauptdarstellerin anzubraten. Wir drehten einen Take, und zu mir sagte er nur:

REGISSEUR
Ja, du, mach nochmal, aber nich' so langweilig.

Sie können sich vorstellen, dass ich froh war, dass die Serie floppte und es nicht zu dem Nachfolger kam. Das ist auch etwas, woran man sich gewöhnen muss. Die meisten Dinge werden nichts. So viele Projekte, so viele Premieren, zu denen man geht, nur um gesehen zu werden, so viele Filmfestspiele, zu denen man nur fährt, weil der Agent darauf besteht, obwohl man nur neidisch ist und sich klein und unbedeutend fühlt neben all den Celebrities. Und dann trifft man doch jemanden und bekundet die gegenseitige Wertschätzung mit den Worten »Wir müssen wirklich irgendwann einmal was zusammen machen!«, während man fieberhaft überlegt, wer das überhaupt ist, mit dem man da gerade spricht und weiß, dass es nie dazu kommen wird.

Und dennoch war es die beste Entscheidung, diesen Beruf zu wählen. Ich liebe es, das tun zu dürfen. Eben auch, weil man irgendwie zu dem werden muss, der man sein will. Und kann. Wenn ich zurückdenke, habe ich mich immer nur in der Verkleidung sicher gefühlt. Im Kindergarten war ich stumm, und vor der Klasse zu sprechen oder ein Referat zu halten war ein Albtraum. Ich hatte panische Angst, dass ich zu stottern beginnen würde, oder dass mir entfallen könnte, was ich sagen wollte. Irgendwie musste ich da durchgehen und mich zurückerinnern, wie es war, das angstfreie Spielen der ersten Lebensjahre.

FRÜHE
ROLLEN

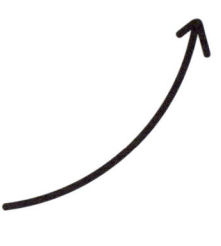

KOSTÜMPROBE
FÜR DEN FILM
»JUD SÜß«

Wir hatten keinen Fernseher, als meine Geschwister und ich klein waren. Aber die Eltern gingen mit uns Kindern regelmäßig in alte Wiener Kinos, wie zum Beispiel die Breitenseer Lichtspiele.

DORT SPIELTEN SIE FILME VON BUSTER KEATON, CHARLIE CHAPLIN UND DEN MARX BROTHERS.

Manchmal saß eine frierende Pianistin am Klavier und begleitete die Filme, und ganz selten gab es Sportgummi. Noch heute weiß ich, wie mein Bruder lachend vom Kinosessel fiel und ich mir Gedanken darüber machte, wie schön und magisch das sein muss, bei Menschen so eine Reaktion hervorzurufen. Besonders Groucho Marx wurde bald wegen seiner Eloquenz und Anarchie zu meinem absoluten Liebling. Die wahrscheinlich lustigste Szene der Filmgeschichte ist aus *Die Marx Brothers auf See*. Groucho kommt mit einem Pass, den er irgendjemandem abgenommen hat, zur Grenze.

BEAMTER

Der sieht Ihnen ja überhaupt nicht ähnlich.

GROUCHO

Ja, aber Ihnen noch viel weniger.

Mehr geht nicht. Ich liebe diesen kurzen Dialog. Das ist entwaffnend und anarchisch zugleich und hebt alles aus den Angeln.

Beim Film wird wenig geprobt, weil jede Minute extrem teuer ist. Beim Theater ist das anders. Da gehören Proben zum Prozess und sind oft mit vielen Wochen angesetzt. Der große Theatermacher Peter Zadek probte auch schon mal ein paar Monate an einem Stück. In einer besseren Welt sind Proben eine herrliche Zeit. Man kann sich und das Stück ausprobieren, scheitern, Dinge verwerfen und neu zusammensetzen. Proben haben aber auch viel mit Angst zu tun, weil vor allem das Anfangen oft eine große Hürde darstellt. Dieser Schritt über die Schwelle zwischen Leseprobe und Auf-die-Bühne-Gehen wird oft mit Rauchen, dem Schleudern von Anekdoten und dem Ausrichten von anderen Theatern oder KollegInnen verbracht. Auch kann es passieren, dass bei Theaterproben wochenlang nur über Befindlichkeiten diskutiert wird. Früher habe ich das geliebt. Ich habe damals ja auch noch geraucht und mittags hatte man bereits Herzrasen von drei Litern

Kaffee und zwei Schachteln Zigaretten. Aber man hatte noch nichts geprobt. Theaterleute haben oft keine Familie, deswegen wohnen sie fast im Theater und gehen davon aus, dass man nach der Abendprobe noch bis drei Uhr Früh ins nächste Beisl zur »Nachbesprechung« mitkommt. Mir ist meine Zeit mittlerweile zu kostbar. Das verdanke ich meinen Kindern und der Einsicht, dass drei Stunden arbeiten pro Tag eben reichen (siehe Kapitel 9).

Im Gegensatz dazu habe ich mich nun entschieden, ein kurzes postdramatisches Dramolett zu schreiben, um die ganze verlorene Zeit wieder aufzuholen. Suchen Sie bitte nicht nach Logik, die gibt es beim Theater selten.[*]

DIE GOLDENE SPINNE – EIN DRAMOLETT

Figuren: Der Plattenverkäufer
Die Agentin   Der Eine
Der Lover   Der Andere
Der Tod   Passanten

1. Akt

Zwei Männer sitzen auf einer Parkbank vor einem Stundenhotel in Wien.

DER EINE
Dieser Wein ist wunderbar. Er schmeckt nach Moos, Waldboden, Eicheln und einem Hauch von Trüffel.

DER ANDERE
Ja, dann schütt' ihn halt weg!

2. Akt

Im Stundenhotel ›Goldene Spinne‹. Die Agentin mit ihrem jungen Lover. Morgens.

DER LOVER
Du siehst besser aus, wenn du keine Brille trägst.

---

[*] Es gibt zwei Bücher, die mir mehr über die Schauspielerei gezeigt haben, als dies jede Schauspielschule vermochte: David Mamets *Richtig und Falsch* und Michael Caines *Weniger ist mehr* und für alle, die Schreiben wollen, habe ich auch noch einen Tipp: *Bird by Bird* von Anne Lamott. Und wenn Sie es in irgendeinem Archiv finden, passend zu den Zeilen von oben: *Der Schalldämpfer* von Axel Corti: *Wenn der Schauspieler zur Probe kommt.*

DIE AGENTIN

Du siehst auch besser aus, wenn ich keine Brille trage.

DER LOVER

Was ist denn deine Lieblingsfarbe?

DIE AGENTIN

Weiß nicht.

DER LOVER

Welche dann?

3. Akt

Wieder die beiden vor dem Hotel.

DER EINE

Kommst du heute zu meiner Sexparty?

DER ANDERE

Gern. Wie viele kommen denn?

DER EINE

Wenn du deine Freundin mitbringst, sind wir schon drei.

DER ANDERE

Ich habe mit meiner Freundin zweimal die Woche Sex.

DER EINE

Ich nur einmal.

DER ANDERE

Ich dachte, du hast gar keine.

DER EINE

Ach so, ich dachte, wir reden von deiner.

4. Akt

Wieder das Paar im Stundenhotel. Der Fernseher läuft. Auf ORF III Aufnahmen von Farkas und Waldbrunn:

WALDBRUNN

In Wien leben zwei Millionen Menschen, und in China werden jeden Tag 97 Millionen Hunde geboren. So oft in Wien ein Mensch ausatmet, wird in China ein Hund geboren.

Er atmet laut und angestrengt aus.

FARKAS
Was machen Sie da?

WALDBRUNN
Ich bringe einen jungen Hund zur Welt!

AGENTIN
Glaubst du, gibt es Menschen, die Leserbriefe an ORF III schreiben?

DER LOVER
Ich bin eine andere Generation. Immer wenn ich einen Fernseher sehe, denke ich: zum Glück gibt's Internet.

AGENTIN
Ja ja, Schatzi. Denken ist wie googeln. Nur schlimmer.

5. Akt

Ein Saal in einer Mehrzweckhalle in der österreichischen Provinz. Mehrere Menschen sitzen in einem Kreis.

DER PLATTENVERKÄUFER
Ist das hier die Selbsthilfegruppe für Atheisten?

DER TOD
Ich glaube nicht.

DER PLATTENVERKÄUFER
Gut, dann bin ich ja richtig. Ich suche nach einer Möglichkeit, meine schwerkranke Schwiegermutter zu heilen. Können Sie mir da helfen?

DER TOD
Gern. Ich benutze aber nur homöopathische Arzneimittel.

DER PLATTENVERKÄUFER
Sehr gut!

6. Akt

Vor dem Stundenhotel. Der junge Lover springt plötzlich aus dem Fenster. Einer der beiden Freunde sieht das, zückt sein Handy und ruft geistesgegenwärtig die Polizei an.

COLUMBO
Polizeinotruf, Grüß Gott.

DER ANDERE

Hallo, bin ich da bei der Polizei?

COLUMBO

Nein, ich bin bei der Polizei, Sie sind irgendwo draußen und telefonieren.

7. Akt

Selber Ort. Der Andere kommt zurück.

DER ANDERE

Komisch, die bei der Polizei wollten gar nicht helfen.

Er setzt sich wieder.

DER LOVER

Ahhhh, ich sterbe ...

DER EINE

1988 habe ich Prince im Madison Square Garden gesehen.

DER ANDERE

Warum hast du mich nicht mitgenommen?

DER EINE

Du warst da erst neun und außerdem habe ich dich noch gar nicht gekannt.

DER ANDERE

Du hättest wenigstens eine SMS schicken können.

DER EINE

Aber ich habe gar kein Handy mitgehabt.

DER ANDERE

Warum nicht?

DER EINE

Weil es noch gar nicht erfunden war.

DER LOVER

Ich sehe das Licht. Seid leise, Jesus spricht ...

8. Akt

Am Berg Sinai. Wir schreiben das Jahr null. Jesus spricht zu seinen Jüngern.

78

JESUS
Wer von euch ohne Sünde ist, der werfe den ersten Stein!

Plötzlich fliegt ein Ziegelstein ganz knapp an seinem Kopf vorbei.

JESUS
Mama, du nervst!

9. Akt

Wieder vor dem Stundenhotel. Die Agentin tritt aus dem Haus.

AGENTIN
(Zu dem am Boden liegenden Lover) Komm', ich bin fertig, du kannst aufstehen.

DER LOVER
War ich gut?

AGENTIN
Du warst großartig. Ich glaube, sie werden dich besetzen als Stuntdouble für Ursula Strauss' letzten Auftritt in *Schnell ermittelt*. Da kannst du sehr stolz sein.

Die beiden entfernen sich Arm in Arm.

DER ANDERE
Jesus war übrigens ganz sicher Italiener.

DER EINE
Warum.

DER ANDERE
Er lebte mit dreißig noch zu Hause, glaubte, dass seine Mama eine Heilige und Jungfrau war, und sie hielt ihn für Gott.

Langsam geht eine rote Sonne unter.

The End.

6

SEIEN SIE NICHT SIE SELBST

–

Warum Authentizität so lähmend
wie Corona ist

Schon wenn man versucht, dieses Wort auszusprechen, haut es einen regelmäßig auf die Schnauze. Sagen Sie jetzt laut und langsam: Au-then-ti-zi-tät. Und jetzt laut und schnell: Authentizität. Eben. Und dennoch gibt es neben der Schule ganze Industrien, wie die Esoterik oder die Volksmusik, die uns weismachen wollen, wir hätten authentisch und echt zu sein, um wahres Glück zu erlangen.

Ich möchte Ihnen diese Last nehmen und Ihnen beweisen, dass Sie Authentizität eher zum Unglücklichsein als zum Glücklichsein brauchen, schon alleine deshalb, weil sie nicht realisierbar ist, es also schließlich und letzten Endes lebenslanges Hinterherrennen nach einem Ideal bedeutet, das niemals zu erreichen ist. Machen wir also Schluss mit dem »Sei du selbst«-Diktat in Ratgebern. Das ist ein ähnlich dummes Postulat wie das des positiven Denkens (siehe Kapitel 13). Es ist nämlich nicht zu erfüllen und auch nicht wichtig. Lassen Sie es mich mit der Band Kettcar argumentieren:

KETTCAR
Lieber peinlich als authentisch,
authentisch war schon Hitler.

Ich habe es immer als komisch empfunden, echt sein zu müssen. Weil ich nicht wusste, was das ist. In meiner Arbeit finde ich Authentizität nicht wichtig. Es hat aber Jahre gedauert, um das zu erkennen und zu akzeptieren und die mangelnde Ahnung, wie Echtheit aussehen soll, nicht als beschränkend zu empfinden.

»There is no penalty for revealing your secrets.« Ich habe das irgendwo gelesen, und es ist seither eines meiner Arbeitsgesetze. Wahr – falsch, echt – unecht. Erst das Spiel damit macht es zur Kunst. Und nein, ich meine nicht postdramatisches Theater, wo extra schlecht gespielt wird und sich jemand ein Post-it aufs Hirn pickt und dann irgendwas vor sich hinbrüllt. Nehmen wir Jamie Oliver. Er hat mindestens eine Generation zum Kochen gebracht und zigtausende Kinder vor Fettleibigkeit bewahrt. (Seine Restaurants muss man nicht zwingend besuchen, aber es kann einem ja nicht alles gelingen.) Er hat uns alle in »seine« Küche gelassen und uns das Gefühl gegeben: Ihr könnt das auch! Kommt mit, wir tun so, als wären wir Freunde und haben eine gute Zeit zusammen und nebenbei lernt ihr ein bisschen kochen. Wir haben ihn dafür reich gemacht. Fair enough. Ob es wirklich seine

Rezepte waren und ob er wirklich mit seiner Jugendliebe glücklich verheiratet ist und mit fünf gemeinsamen Kindern im Dorf lebt, in dem er selbst groß geworden ist? Ganz ehrlich? I don't give a fuck! Ich bin dankbar dafür, dass er seine wesentlichen Geheimnisse freigab und will gar nicht in sein Leben vordringen.

Boulevardmedien sind ständig auf der Suche nach dem Privaten, dem Authentischen. Dabei folgen sie nur der Gier einer kurzen, schnellen Befriedigung. Das scheint ein Grundbedürfnis des Menschen zu sein. Wie Fastfood-Essen. Man ist manchmal gierig danach und fühlt sich nachher immer schlecht. Falls Sie es noch nicht wussten: Sie finanzieren solchen Schrott übrigens mit Ihren Steuergeldern. Öffentliche Einrichtungen pumpen mit Inseraten Millionen in genau diese Fastfood-Medien.

Was dabei übersehen wird: Nichts ist langweiliger als eine Homestory. (Außer vielleicht bei André Heller, weil der scheint wirklich schön zu wohnen.) Vielleicht hat uns Corona ja davon ein wenig geheilt. Ich jedenfalls habe keine Lust mehr, Bilder von ungelesenen Bücherwänden zu betrachten und zu hoffen, dass im Hintergrund irgendwas Unvorhergesehenes passiert – eine nackte Frau auftaucht, oder eine Katze die Topfpflanze malträtiert. Entscheidend ist, dass KünstlerInnen ihre Geheimnisse preisgeben, ohne uns etwas zu verraten. Niemand weiß, wer Bob Dylan ist, obwohl er Intimstes mit uns geteilt hat. Seine Ängste, seine Träume, seine Sehnsüchte und seine Zwänge. Jede Homestory würde diesen Kosmos zerstören, der eben viel *bigger than life* ist. Ganz nebenbei: Für die Nobelpreisjury eine Woche lang einfach nicht auffindbar oder erreichbar zu sein, ist grandios.

ROGER WILLEMSEN

Jeder Charakter ist obsessiv und setzt sich aus Zwangsvorstellungen zusammen. Der Charakter führt den Menschen als Geisel mit. Seine Gedanken führen den Menschen spazieren, die Richtung bestimmen sie oft selbst. Wer sich je seinen Gedanken überlassen hat, merkt erst, wie wenig es die seinen sind.

Ich habe lange gebraucht zu akzeptieren, dass mein Gefühl, sich gegen dieses Echtheitsdiktat zu stellen, nicht nur in Ordnung, sondern wahrscheinlich viel spannender ist.

Deutschland ist ein Land der Ordnung, und da gehört jeder in ein Schubfach. Und es gilt als unseriös, sich nicht für ein Schubfach entschieden zu haben.

WIR MACHEN KUNST, WEIL WIR KUNST LIEBEN. Und wenn wir etwas lieben, sind wir zuerst einmal Fans. Und wollen so sein wie die Angebeteten. Mir ist ein Satz untergekommen: »all fiction is fanfiction.« In der Oberstufe war Kabarett alles für mich. Ich besuchte so oft es nur ging die Vorstellungen von Alfred Dorfer, Alexander Bisenz, den Hektikern und natürlich Josef Hader. Logischerweise gründete ich selbst eine Gruppe, weil ich mich alleine noch nicht traute. Mit dieser Truppe spielten wir *Atompilz von links*, diese geniale Bundesheerpersiflage der Gruppe Schlabarett, so oft nach, bis wir es komplett auswendig konnten. Boris Fiala war damals schon dabei. Er ist den ganzen Weg mitgegangen. Wir haben in unterschiedlichen Konstellationen drei Schulkabarettprogramme gemacht, danach Mondscheiner, er hat bei Stipsits-und-Rubey-Programmen Musik gemacht und ist heute auch Mitglied der Familie Lässig.

Irgendwann reichte uns das nicht mehr und wir spielten die Geschichte einfach weiter. Wir bauten aus dem Fan-Sein heraus quasi ein Sequel und begannen gleichzeitig vorsichtig jede(r) für sich herauszufinden, wie die eigene Bühnenfigur, die Persona, dereinst vielleicht aussehen könnte.

Ähnlich verfuhren wir in der Mollardgassenwohnnung (siehe Kapitel 1) dann mit Projekt-X-Sendungen. Wenn man Jahre später auf seine Helden trifft und mit ihnen sogar zusammenarbeiten darf, ist das ein wenig surreal, und ein großer Lohn fürs Durchhalten und die Durststrecken. Für all die Jahre, die man in seine »Lieben« investiert hat.[*]

Später spielte ich Theater, weil es ein paar Jahre meines Lebens gab, in denen ich das Theater liebte. Nach der Matura folgte eine Zeit mit Rollkragenpulli am Stehplatz des Burgtheaters, weil ich rausfinden wollte, wie Gert Voss das macht, oder Angela Winkler, oder Ulrich Mühe. Nach einigen Jahren am Theater habe ich mich entliebt.

---

[*] MR drehte mit Josef Hader *Aufschneider*, Alfred Dorfer führte bei *Gott&Söhne*, dem gemeinsamen Stück mit Thomas Stipsits, Regie. Mit Gerald Votava spielte er Theater, gemeinsam gestalteten sie einen Duo-Abend *Ich dachte, es sind Menschen, es waren aber leider Wiener* und gründeten die Familie Lässig.

DAVID BOWIE
The only art I'll ever study is stuff that I can steal from.

Mit meinem Vater habe ich eine seit Jahren schwelende Auseinandersetzung, weil er in jedem modernen Popalbum die Beatles oder die Stones, oder wenn es etwas trickreicher ist, The Cream, The The oder The Kinks herauszuhören glaubt. Möglicherweise stimmt das sogar. All fiction is fan fiction. All music is made by fans from other music. Wenn Sie noch einen Schritt weitergehen wollen, schauen Sie bei KünstlerInnen, die Sie bewundern, genauer hin, wen diese bewundern und wo diese gestohlen haben. Ich bin so auch Hader und Dylan auf die Schliche gekommen.

TOCOTRONIC
Ich denk' an das, was du empfiehlst
»Talent borrows, genius steals«.

geile Idee?

Es geht nicht ums Plagiieren. Es geht darum, die Dinge aus der Perspektive des Bewunderten oder der Bewunderten zu betrachten. In meinem Arbeitszimmer habe ich eine Wäscheleine gespannt, und da hängen Bilder von all denen, die ich vergöttere. Sie sind neben meiner Frau die ersten ZuhörerInnen und sie waren es auch, denen ich dieses Buch vorlas – wieder und immer wieder übrigens. Es spricht für meine Bilderfreunde, dass sich keiner von ihnen beschwert hat. Und wenn ich nicht weiterweiß, dann bitte ich sie um Rat. Oft entspinnt sich dann eine rege Diskussion, und ich muss nur noch zuhören und mir Notizen machen. Sie wollen gerne wissen, wer da so hängt gerade? Na gut, ich sagte ja schon, There is no penalty for revealing your secrets. Derzeit hängen da Tilda Swinton, David Bowie, Ricky Gervais, meine Töchter, Gaston, Groucho Marx, Jane Austen, Miranda July, Salvador Dalí, Bob Dylan, Thomas Bernhard, René Magritte, Dirk Nowitzki, Steve Jobs, Greta Garbo, Mileva Einstein, Roger Federer, Billie Eilish, Pep Guardiola, Glenn Gould, Phoebe Waller-Bridge, Franz und ein Symbolbild von unserem Straßenkehrer, den Sie später kennenlernen werden.

ICH WILL MICH NICHT ENTSCHEIDEN MÜSSEN. Ich will das tun, was ich gerade am meisten liebe. Man muss ohnehin mit allem teilnehmen, was man zu bieten hat, und zwar mit allem, sonst wird es fad und künstlich. Und künstlich ist auch in Ordnung, nur eben nicht kunstvoll.

Kampf der Authentizität! Alle Künstler sind Kopisten. Um seinen Stil, seine Sprache zu finden, muss man zuerst Fanboy oder Fangirl sein. Fans sind liebevoll und achtsam, und sie beobachten ihre Idole nicht multitaskend, sondern mit all ihrer Aufmerksamkeit. Das ist für mich Studium.

Von Tilda Swinton, David Bowie und Groucho Marx werde ich mich übrigens nie entlieben. Das weiß ich. Sie schwirren wie freundliche Geister durch mein Arbeitszimmer und kommen auch schon mal mit auf die Bühne oder ans Set. (Ich bemerke, das muss ich Lotte Ingrisch beichten.*)

André Heller war einmal bei Grissemann und Stermann in *Willkommen Österreich* zu Gast. Er erzählte eine tolle Geschichte aus seiner Kindheit und wurde dann von einem der beiden gefragt, ob das denn auch wahr sei. Seine Antwort:

ANDRÉ HELLER
Die Lüge ist wahrer als die Wahrheit, weil die Wahrheit
so verlogen ist.

Für die Kunst stimmt das definitiv. Für das Leben will und kann ich es nicht beantworten. Meine Kinder spielen Pflicht oder Wahrheit, ich setze mich dazu und erzähle:

MANUEL
Ravel komponierte zwei Klavierkonzerte. Das eine davon
ist nur für die linke Hand geschrieben, es wurde von Paul
Wittgenstein in Auftrag gegeben, einem österreichischen
Pianisten, der im Ersten Weltkrieg den rechten Arm verloren hatte. Mein Opa hat im Zweiten Weltkrieg sein rechtes
Bein verloren, und da er so sparsam war, hat er in seiner
Pension solange gesucht, bis er einen anderen Veteranen
fand, der im Krieg sein linkes Bein verloren hatte und
auch noch die gleiche Schuhgröße hatte. Sie bildeten eine
Schuhgemeinschaft und wurden gute Freunde.

Pflicht oder Wahrheit?

---

* Siehe Kapitel 13.

WILLIAM SHAKESPEARE

Die ganze Welt ist eine Bühne, und alle Männer und Frauen sind Schauspieler. Aber die Illusion ist bei denen da drüben, bei den Schauspielern ist die Wirklichkeit. Die dort sind unser Rohmaterial. Wir sind der Sinn ihres Lebens. Wir nehmen ihre dummen, kleinen Empfindungen und verwandeln sie in Kunst und Schönheit. Wir sind die Symbole all dieses verworrenen Kämpfens, das man Leben nennt.

JIM JARMUSCH

Steal from anywhere that resonates with inspiration or fuels your imagination. Devour old films, new films, music, books, paintings, photographs, poems, dreams, random conversations, architecture, bridges, street signs, light and shadows. Select only things to steal from that speak directly to your soul. If you do this, your work (and theft) will be authentic.

FRANZ

Den Beweis bist du noch schuldig, dass man unglücklich wird, wenn man versucht, echt zu sein.

Sagt Franz plötzlich. Er sitzt in letzter Zeit wieder öfter auf meinem Schreibtisch. Er ist so klein, dass er nicht über die Tischkante sehen würde.

MANUEL

Liest du mit?

FRANZ

Natürlich.

MANUEL

Ich hasse das, wenn mir jemand beim Schreiben über die Schulter schaut.

FRANZ

Wieso?

MANUEL

Naja, es fühlt sich nicht gut an.

FRANZ

Eben, genauso wie das Echtheitsdiktat. Wir können nicht greifen, wer wir sind, deshalb müssen wir an dem Postulat »Sei du selbst« eben scheitern.

MANUEL

Sag ich ja.

FRANZ

Ja, du hast es versucht, aber du hast zu Beginn dieses Kapitels gesagt, du würdest es beweisen.

MANUEL

Ja, das streiche ich wieder raus. Ich kann es nicht beweisen.

FRANZ

Tja, blöd, geht nicht. Das Buch ist schon gedruckt.

30. Dezember 2021

7

IHR ÜBER-
TREIBT

–

Vom Umgang mit Kritik und dazu ein Rück-
blick auf ein paar weitere Härtetests im Leben

Stanley Kubrick sagte in einem späten Interview, wie er es mit Kritiken halte und was er heute über frühe Verrisse denke.

Ich kenne alle ihre Namen und wünsche ihnen
noch immer den Tod.

Bekannter ist das Zitat von Oskar Werner auf die Frage, wie er denn auf die unterirdischen Kritiken seiner Hamlet-Inszenierung bei den Salzburger Festspielen reagieren werde:

OSKAR WERNER
Ich spreche mit Eunuchen nicht über die Liebe.

Ich glaube, dass ich ein relativ entspanntes Verhältnis zu Kritiken habe. Sie sind Teil des Zirkus', und im besten Fall gelingt es mir, es als Wertschätzung meiner Arbeit zu betrachten, dass sich überhaupt jemand so interessiert, um zu berichten.

Beim Film *Falco, verdammt wir leben noch* hatte ich die zweifelhafte Freude, einen Crashkurs in Sachen Medien zu bekommen. Danach las ich für ein Jahr überhaupt keine Kritiken und Postings. Ich will aber auch erwähnen, dass ich mich von Kritiken manchmal zu gut behandelt fühlte. Vor allem im deutschen Feuilleton lese ich manchmal Kritiken, angesichts derer ich mir denke: Also, das ist jetzt übertrieben. Die ehrwürdige *FAZ* schrieb über den ZDF-Film *Irgendwas bleibt immer*:

FRANKFURTER ALLGEMEINE ZEITUNG, OLIVER JUNGEN
Wann immer ein Österreicher gebraucht wird, dem man alles zutrauen würde, eine Popstar-Aura (»Falco«) ebenso wie das Bewohnen eines veritablen Münchhausen-Lügenschlosses (»Tatort: Der Mann, der lügt«), abstrusen Drogenmissbrauch und Hochstapelei (»Im Knast«), die Rolle eines Inquisitors auf Schürzenjagd (»Braunschlag«) oder gar inzestuöses Austro-Mafia-Patentum (»Altes Geld«), dann ist stets Manuel Rubey zur Stelle, der Wiener Charmeur mit dem feingezeichneten Bübchen-Gesicht, der noch in der kleinsten Geste vollendete Manieren mit grandioser Blasiertheit zu verbinden versteht. Niemand sonst verkörpert die österreichische Dekadenz mit so viel Noblesse und Engelhaftigkeit. Man kann Rubeys Figuren

> daher schlechterdings nicht böse sein, was immer sie
> wieder ausgefressen haben ...

So ist es natürlich angenehmer als andersherum. Dennoch funktionieren wir Menschen anscheinend so, dass eine schlechte Meinung hundert gute ausstechen kann. Interessanterweise sind JournalistInnen oft selbst überaus sensibel, wenn sie Kritik an ihrer Arbeit erfahren. Ich saß einmal mit einem Kulturjournalisten zusammen, der sehr gut austeilen kann, als aber die ersten Verrisse seines Buches erschienen ... Ich erspare Ihnen die Details, denn darauf will ich gar nicht hinaus. Bei meinem Soloprogramm widerfuhr mir Kurioses. Die Kritiken waren fast durchwegs positiv, sodass ich in demütiger Scham wieder einmal dachte: Naja, ihr übertreibt aber. Eine einzige war noch ausständig, die einer Wiener Stadtzeitung. Offensichtlich waren drei RedakteurInnen bei der Premiere gewesen. Einen traf ich zwei Tage später, er gratulierte sehr herzlich, eine andere schrieb mir ein E-Mail, dass es »großartig« gewesen sei, nur die dritte schrieb ihr Urteil in der Zeitung, nämlich, das Programm sei »halblustig«. Und das war tatsächlich schwer zu verdauen.

Warum breite ich meine Egoprobleme hier vor Ihnen aus? Weil ich diese Kritik aus zweierlei Gesichtspunkten bemerkenswert finde. Zum einen, weil drei ExpertInnen derselben Zeitung zu völlig unterschiedlichen Einschätzungen kommen. Zum anderen, weil ich mich zwei Jahre intensiv mit der Frage »Was ist lustig?« auseinandergesetzt habe und ich sagen kann, lustig zu sein, ist die härteste Arbeit, die es in diesem Beruf gibt.

LORIOT (CONT'D)

In England und den USA wird das Entertainment genauso ernst genommen wie das sogenannte Seriöse. Nur Ernst ist bei uns bedeutend. Das hat zur Folge, dass viele Schriftsteller keine Komödien schreiben. Sie werden vielleicht satirisch, aber um Himmels Willen nur nicht komisch. Es gehört eine gewisse Form des Mutes dazu, zu sagen, ich will in diesem Augenblick *nur* unterhalten.

Ich wünsche mir, dass KunstkritikerInnen wieder mehr an den Werken interessiert sind und weniger an der eigenen schnellen Pointe. Ich wünsche mir, dass KunstkritikerInnen wieder mutiger in der Ausübung ihres Berufes sind und weniger dem Applaus aus den eigenen Reihen hinterherrennen. Ich wünsche mir, dass KunstkritikerInnen die Arbeit von Künstlern respektieren und sich weniger in elitärer Weise über den Großteil des Publikums stellen. Mehr braucht es nämlich nicht, um gegenseitigen Respekt auszudrücken. Ich bin der festen Überzeugung, dass dies auch den Kunstkritiken selbst guttun würde.

Es gibt noch ein zweites Phänomen, das so tut, als könne es etwas messen, und das halte ich für noch wesentlich problematischer, weil es nicht nur KünstlerInnenegos verletzt, sondern in das Leben der Kinder, die sich naturgemäß noch nicht so gut wehren können, eingreift, und das sind Schulnoten.

ALFRED DORFER
(Badeschluss)
Vielleicht ist das der Grund, warum sich Kinder und alte Menschen so gut verstehen: Weil sie sich nicht wehren können, gegen die ganzen Arschlöcher dazwischen.

Ich erlaube mir, da die Sache hoffentlich verjährt ist, eine persönliche Geschichte zu erzählen, die heute lustig klingt, damals allerdings aus der Verzweiflung geboren war.

Ich ging für zwölf Jahre in eine Waldorfschule und hatte in dieser Zeit nur schriftliche Beurteilungen. Ich stehe dem Waldorf-System heute ambivalent gegenüber, und nein, ich kann in Wirklichkeit meinen Namen nicht tanzen, obwohl ich das einmal in einem Interview behauptet hatte, aber darum geht es jetzt nicht. Wir hatten als zweite Fremdsprache Russisch. Ich mochte die Sprache nicht und boykottierte das Fach, wo es nur ging. Das hatte zur Folge, dass ich den Anschluss verlor. Das war mir sehr lange sehr egal. Zum Problem wurde es erst, als ich nach der zwölften Klasse zusammen mit vier KlassenkollegInnen in ein Gymnasium wechselte. Der Eintritt in die letzte Stufe des Gymnasiums war mit dem Zeugnis der Waldorfschule möglich, allerdings musste ich die letzte Klasse positiv absolvieren, wenn ich maturieren wollte. Zu meinem vordergründigen Glück gab es Russisch als Fach im BORG Hegelgasse gar nicht, was bedeutete, dass wir WaldorfschülerInnen die achte Klasse in Russisch extern abschließen mussten. Hierfür gab es einen wöchentlichen Kurs bei jener Professorin, die uns am Ende des Schuljahres auch prüfen sollte. Die Gefahr, dass innert kürzester Zeit meine Sprachdefizite aufzufliegen drohten, also herauskommen würde, dass ich auf Russisch maximal bis zehn zählen konnte, ließ mich in einem Akt des verzweifelten Größenwahnsinns zu einer Parallelwahrheit greifen. Ich erzählte der Lehrerin, dass ich nicht zu den Vorbereitungsstunden zu kommen brauche, da ich länger in Moskau gelebt hätte und die Prüfung ohne Weiteres bestehen würde. Sie schaute etwas verwundert, meinte aber nur, dass die Vorbereitungsstunden nicht verpflichtend, sondern lediglich ein Angebot seien. Ich sah in ihrem Blick aber, dass sie sich vornahm, auf dieses goscherte Pickelface genauer zu achten. Die nächsten Wochen verbrachte ich damit, jemanden zu finden, der der russischen Sprache mächtig war. Olga studierte Geige in Wien, und ihr brachte ich die Themen, die für die mündliche Prüfung vorgesehen waren. Sie schrieb mir dazu ein paar Texte, die ich wie eine Fantasiesprache auswendig lernte. Ich hatte ihr gesagt, die Einleitung sollte so allgemein wie möglich gehalten sein, damit ich auf jeden Fall mit meiner Antwort ein paar Prüfungsthemen abdecken würde. Der Rest war einfach unfassbares Glück.

Die Prüfung war in drei Blöcke aufgeteilt. Mündlich, dann Grammatik, und zuletzt mussten wir einen Zeitungsartikel analysieren. Meine Prüfung begann mit dem mündlichen Teil. Ich tat so, als würden mir die Texte, die ich mühsam auswendig gelernt hatte, ohne sie zu verstehen, gerade einfallen. Die Prüferin blickte mich erst zweifelnd, dann immer fröhlicher an. Ich bekam Oberwasser und spielte immer besser, dass ich mir all die Sätze, die mir Olga geschrieben hatte, gerade aus meinem großen Wortschatz suchen würde. Als ich mit meinem Sermon fertig war, sah mich die Prüferin strahlend an:

PRÜFERIN
Ich bin gerade einfach nur dankbar, dass es noch junge Menschen gibt, die sich derart mit der russischen Sprache auseinandersetzen wollen.

Sie blickte auf die Zettel vor sich. Ich hatte einen Etappensieg erreicht, doch nun kam die Grammatikprüfung, und ich war mir sicher, gleich würde der Schwindel auffliegen. Es kam anders.

PRÜFERIN
Mit der Grammatik und dem Artikel will ich Sie jetzt wirklich nicht mehr belästigen. Das schenken wir uns in Ihrem Fall.

Ich hatte als einziger die Note Sehr Gut und für mich für alle Zeiten erkannt: Selbst Noten sind subjektiv und geben oft gar keine Auskunft.

LORIOT (CONT'D)
Komik lauert überall. Wenn der König der Wüste gerade brüllend seine Macht darstellen möchte und dann in ein Loch tritt.

Ich zitiere hier so viel Loriot. Das hat einen guten Grund: Nicht nur, weil er der beste Komiker ist, den der deutschsprachige Raum je hervorgebracht hat, sondern weil er ein Zweifler war, sehr viel gelesen hat und mich in meinem Verständnis und Selbstverständnis zum Beruf und auch immer wieder das Leben betreffend, sehr weitergebracht hat. Außerdem hat er es gewagt, in unseren Breiten die Komödie mindestens auf Augenhöhe ihrer traurigen Schwester, der Tragödie, anzusiedeln, und er hat sich getraut, sich in verschieden Sparten zu positionieren. Das hat mich immer extrem bestärkt, und ich merke bis heute, dass das vielen nicht ganz geheuer ist.

Mein Eindruck ist, und jetzt wird das Eis noch dünner, dass es hierzulande immer noch als minderwertig empfunden wird, wenn sich jemand erdreistet, einfach nur unterhalten zu wollen.

ROCKO SCHAMONI
Der Unterschied zwischen Hoch- und Subkultur ist, dass man in der Hochkultur dafür bezahlt wird, sich so zu benehmen, wie man sich in der Punkkultur ohne Bezahlung benehmen kann.

Lange Zeit glaubte ich, dass es erstrebenswert sei, an ein großes Theater engagiert zu werden. Heute bin ich froh, dass es nicht gleich geklappt hat und dass es anders gekommen ist. Österreich hat eine tolle Tradition. Theater, klassische Musik und natürlich auch Literatur betreffend, und ich liebe die Vorstellung, mit Stefan Zweig durchs Wien der 1920er-Jahre zu wandern. Lesen Sie unbedingt *Die Welt von gestern*. Was für ein unfassbares und in politischer Hinsicht erschreckend aktuelles Buch.

Eine Zeit, als die Menschen besser gekleidet waren, höflichere Umgangsformen pflegten und Jugendliche am Tag einer Burgtheaterpremiere die Schule schwänzten, in der Hoffnung, eine Premierenkarte für den

Stehplatz zu ergattern. Diese Zeiten sind vorbei, und auch wenn man bei den Salzburger Festspielen 300 Euro für eine Eintrittskarte bezahlt, wird man trotzdem erkennen müssen, dass selbige den Stellenwert nur noch für eine Elite hat. Es ist in Ordnung. Aber Hochkultur ist eine Nische wie Freejazz, hält sich aber im Gegensatz zu Letzterem immer noch für einen (Straßen-)Feger. Diese Hochkulturelite ist aber in Wahrheit leider auch so verklemmt, dass sie es für progressiv hält, wenn Schauspieler nackt und brüllend performen oder sich öffentlich eine Banane in den Hintern stecken. Das dürfen die Herren selbstverständlich gerne weiter tun, es hat aber mit Rock'n'Roll genauso wenig zu tun wie der Typ in der Lederhose, der Stadien füllt und sich selbst »Volksrockenroller« nennt. Sie haben vielleicht unterschiedliche Absichten, aber sie alle sind reaktionär und spießig. Meine Freundin Claudia – manchmal nennen wir sie auch Schlaudia, weil sie wirklich klüger als wir alle ist – sagt:

SCHLAUDIA
Wer als Erwachsener noch DJ ist, hat die Kontrolle über sein Leben verloren.

Verstehen Sie mich nicht falsch, ich liebe die Theater, ja gut, in letzter Zeit eher nur noch die Gebäude; immer seltener, was auf der Bühne passiert. Die hohen Räume, die Hinterbühnen, die Kantinen, mit der traurigen Wirtin und dem schlechten Kaffee, der Schnürboden, der Fundus, die Maske ... Gerade in Wien. Der Wiener Musikvereinsaal ist so schön, dass ich heulen könnte, wenn ich dort sitze, aber das ganze Gehabe ist falsch und geht an der Intention vorbei.

Liebe LeserIn, ich will mit Ihnen kurz eine Zeitreise machen, die Ihnen veranschaulichen soll, warum meine Wut auf die Hochkultur sehr wahrscheinlich ein wenig begründet ist:

Wir befinden uns in Bonn im Jahre 1770. Ein Knabe wird geboren. Man erkennt sein musikalisches Talent, aber der Vater prügelt ihn durch Sonne und Mond. Er flüchtet sich in die Musik. Was soll er auch sonst tun. Der Vater trinkt. Mit 16 verklagt Ludwig seinen Vater, um das Sorgerecht für die Familie zu erlangen, womit er über seine Einkünfte alleine verfügen könnte. Mit noch nicht einmal 30 Jahren schleift Ludwig van Beethoven die Musik von einem Zeitalter ins nächste. Die Klassik wird zur Romantik. Es bleibt ihm nichts anderes übrig, als nach innen zu schauen, seinen Emotionen zu vertrauen und auf

Konventionen zu pfeifen, um sich gegen den Vater, die Fürsten, die als Geldgeber immer das letzte Wort haben, sprich über die Umstände hinwegzusetzen. Ganz ähnlich wie bei Shakespeare orientiert sich Beethoven aber nicht an der Elite, dem Hof oder gar an Gott. Es geht ihm um Innerlichkeit und um die Ambivalenz der Dinge. Ich glaube, Beethoven hätte es, wie viele andere auch, denken Sie an Egon Schiele oder Thomas Bernhard, nicht gewollt, dass seine Kunst in so abgehobenem Rahmen daherkommen muss.

LISTE ZUM SICH-BLÖD-LACHEN

- x Loriot - Die Nudel
- x Otto Grünmandl - Der Hansi
- x Gerhard Polt - Hitlers Leasingvertrag
- x Louis de Funès - Hirnsausen im Film Oscar
- x Golden Girls - Jede einzelne Folge
- x Die Marx Brothers in der Oper
- x Die Marx Brothers auf See
- x Stan Laurel & Oliver Hardy - Kniechen, Näschen, Öhrchen in Fra Diavolo
- x Charly Chaplin - Der große Diktator
- x Thelma & Louise von French & Saunders
- x Tortenschlacht bei Dr. Dicks Hochzeit in Cybill
- x Dumm und Dümmer
- x Ricky Gervais - Extras
- x ~~Didi Hallervorden - Die Kuh Elsa~~
- x Die ersten beiden Staffeln von Grace & Frankie

8

LEISE RIESELT DER SCHMÄH

–

Von Laugenschmaus und Dinkelpause:
Ein Streifzug durch die Wortspielhölle

Seit einiger Zeit beobachte ich unter großen Schmerzen, dass die Frisöre ihren Siegeszug der Zwangsoriginalität, den sie vor vielen Jahren schon antraten, nun zu gewinnen scheinen. Ich sitze im Park hinter der Lugner City auf einer Bank und träume vor mich hin. Und plötzlich sehe ich, dass hinter der Kletterwand ein Bäcker aufsperren wird. Sie bauen noch um, aber es hängt ein großes Plakat auf der Fassade: *Roggenroll* steht darauf. Auf einen Schlag bin ich hundemüde, eine Schwere legt sich auf mein Gemüt, und ich spüre, dass mich die Antriebslosigkeit in Gefangenschaft nimmt. Mir wird schwindlig, und alles beginnt sich zu drehen. Das ist mein Fegefeuer, Dantes Inferno: Wenn es mit mir zu Ende geht, lande ich in der Wortspielhölle. Eine öffentliche Sauna. Im obersten Höllenring sitzen die Bäcker: *Laugenschmaus, Brot und Spiele, Dinkelpause* ... Ich schreite tiefer, es wird immer feuriger und verrauchter. Darunter schwitzen die Fleischhauer: *Die Pute Stube, Gehackt Getan, Leber und Leber lassen.* Aber es geht noch weiter, es wird noch heißer, wer sitzt da? Kollegen. Das gibt's ja nicht. Kabarettisten. Sie sind nackt. Mit ihren Plakaten bedecken sie ihre Scham. *Leise rieselt der Schmäh, Mutig in die neuen Pleiten* oder einer, mit seinem Gärtnerprogramm *Hände hoch oder ich gieße* und den kenn ich auch: Dieter Nuhr erzählt, dass er einen Imagewandel vor hat. Sein neues Programm soll *Nuhrensohn* heißen. Mit letzter Kraft steige ich in den Keller der Höllensauna hinab. Ganz unten im letzten Höllenring sitzt der Teufel. Satan persönlich sieht ein bisschen so aus wie Edward mit den Scherenhänden und sagt mir:

SATAN
Was willst du hier, du kleiner Versager?

MANUEL
Ich schaue mich um.

Da sitzen sie alle und hängen an Edwards Lippen. Sie scheinen auf etwas zu warten. Natürlich. Sie haben einen Termin für die Kopfwäsche. Natürlich ist der Teufel ein Frisör! Um ihn herum sitzen seine Jünger. Die Wortspielpharisäer: *Millionhair, Vielhaarmonie, Scherensache, Love is in the Hair, Ali Bharber und die 40 Räuber* ...

SATAN
Na, mein Kleiner, was verschlägt dich hierher? Willst dich wohl mit den ganz Großen messen?! Hast du in deinem Leben überhaupt schon einen einzigen brauchbaren Witz zustande gebracht?

In meiner Verzweiflung fasse ich mir ein Herz und sage:

MANUEL

Ihr alle seid der Grund, warum mein letzter Friseurbesuch
long hair ist. Meine Friseurin verwendet nur Bio-Produkte.
Aber ich kann sie nicht mehr sehen. Sie hat mir den Kopf
fair-trade.

Und ich merke, dass die Frisöre anerkennend nicken, und ich werde
mutiger und sage:

MANUEL

Man merkt den Rechtsruck in unserem Land auch an den
Frisörnamen. In Wels habe ich einen *Haardolf* gesehen,
in Graz einen *Haarier* und in Klagenfurt eine *Hairmacht,*
Eigentümer *Hairbert Kickl.*

Und tatsächlich, sie akzeptieren mich als einen von ihnen und winken
mich durch ins Höllenfeuer, und ich verbrenne mit Haut und Haar und
denke noch: Das war es, es geht zu Ende.

Nach ein paar Sekunden Schwarzblende stehe ich auf einem Friedhof.
Die Sonne scheint, und es weht ein warmer Frühlingswind. Am Ein-
gangstor zu dieser allerletzten Ruhestätte steht: »I told you I was ill«,
und ich laufe zu den Gräbern hin, aber da stehen keine Namen drauf,
sondern Hashtags und dann sehe ich, ich bin am Wortspielfriedhof.
... *Truheinfriede, Sarg zum Abschied leise Servus,* und die haben alle mit
meinem Leben zu tun. Hier liegt der Freund von Biene Maja, den ich
so geliebt habe: *Der letzte Willi* oder am Grabstein meines Mathelehrers
steht: *Damit hat er nicht gerechnet.* Rainer Maria Rilke, den hatte ich doch
zur Deutsch-Matura: *Hier ruhen meine Gebeine, ich wünschte es wären
deine.* Oder auf einem Grabstein einer Sängerin steht: *Atemlos durch die
Nacht.* Und dann denke ich mir, wenn ich schon da bin, suche ich nach
dem Grab von Kurt Cobain, um ihm zu danken und finde es tatsächlich. Der Friedhofsgärtner setzt gerade Tulpen ein, und ich frage ihn,
ob es einen Weg raus gibt aus dieser Hölle, und er sagt ja und nimmt
mich mit in die Friedhofscafeteria *Der Herr ist dein Wirte* und erzählt mir
sein Geheimnis, und ich muss ihm versprechen, dass ich es ganz vielen
Menschen weitererzähle, weil ihm keiner glaubt, genau wie mir, aber er
weiß einfach, dass es stimmt. Er hat während des MTV-Konzerts von
Andreas Gabalier aus dem Grab von Kurt Cobain einen zweiten Schuss

gehört, und das würde er gerne bei den Darwin Awards einreichen. Weil es das erste Mal wäre, dass sich einer zweimal umbringt.

Es wurde schon viel geschrieben und gesagt über die Verrohung der Sprache und wohin es führt, wenn junge (und auch nicht mehr ganz so junge) Menschen des Lesens nicht mehr mächtig sind. Damit will und kann ich mich nicht beschäftigen, außer, dass ich die Sorge natürlich teile.

Ich bin auch nicht grundsätzlich gegen Wortspielwitze. Diese finde ich zum Beispiel gut: Was heißt Separee auf Hochdeutsch: Josef, ein Rotwild! Oder der norwegische Gott der Ungeduld? Hammersbald! Ich lege mich dennoch fest: Wer solche Wortspiele wirklich, also wirklich lustig findet, der hat auch ein Kaffeehäferl, auf dem steht: *Nur wer morgens richtig zerknittert ist, kann sich tagsüber gut entfalten* und trägt ein T-Shirt mit der Aufschrift: *Bei mir ist immer Ostern. Ich suche ständig was.*

Außerdem schreibt diese Person gerne auf Facebook in die Biografie *»hat studiert in der Schule des Lebens«*, verwendet Hashtags wie #love-myjob, und findet Bayern München ist ein sympathischer Verein, feministische Frauen haben sicher keinen Sex und Herbert Kickl hat noch eine Chance verdient.

9

LASSET UNS DEN MÜßIGGANG WIEDER HOCHLEBEN!

–

Leidenschaftliches Plädoyer für die 20-Stunden-Woche und das bedingungslose Grundeinkommen

Ich will den Müßiggang wieder aktivieren. Das ist die Erleuchtung, das Ziel, der schwarze Gürtel. Nicht zu verwechseln mit der Prokrastination, mit der ich mich in meinem Programm GOLDFISCH beschäftigt habe. Nehmen Sie sich weniger vor, liebe Menschen, und zwingen Sie sich immer wieder zur Aussage: Ich habe viel Zeit heute. 24 Stunden sind verdammt lange. **Lassen Sie Lücken in Ihrem Tagesplan, in selbigen spielt sich oft Wesentliches ab.**

Wir hetzen von Termin zu Termin, von der Kostümprobe zum Lauftraining und danach zum Markt, weil man ja noch ein paar Leute für den Abend eingeladen hat, zum Schlagzeugunterricht der Tochter und dann noch schnell zum Steuerberater, um kurz vor Feierabend das Auto noch zum Reifenwechsel zu stellen. Und wenn wir wieder einmal ein Loch im Tag haben, was machen wir dann? Anstatt die Stille in uns willkommen zu heißen, machen wir irgendetwas, was uns gerade in die Augen springt.

Bertrand Arthur William Russell war ein britischer Philosoph, Mathematiker und Logiker. Er unterrichtete unter anderem am Trinity College der Universität Cambridge, der London School of Economics, der Harvard University und der Peking-Universität und war Mitglied der Cambridge Apostles. 1950 erhielt er den Nobelpreis für Literatur. Er schrieb 1935 sein berühmtes Manifest *Lob des Müßiggangs*. Ich habe es jetzt wieder gelesen, auch weil ich meinem verstorbenen Großvater so gerne noch gezeigt hätte, dass mein Studium der Philosophie (eh nur 5 Semester) genauso wenig umsonst war wie die Schauspielausbildung. Ein paar Stellen habe ich für Sie, liebe LeserInnen, herausgeschrieben, weil ich finde, dass sie immer noch sehr aktuell und akut sind:

BERTRAND RUSSELL

Ich glaube nämlich, dass in der Welt zu viel gearbeitet wird, dass die Überzeugung, arbeiten sei an sich schon vortrefflich und eine Tugend, ungeheuren Schaden anrichtet, und es nottäte, den modernen Industrieländern etwas ganz anderes zu predigen, als man ihnen bisher immer gepredigt hat. Allgemein bekannt ist ja die Geschichte von dem Reisenden, der in Neapel zwölf Bettler in der Sonne liegen sah und dem Faulsten eine Lira schenken wollte.

Das ist das Tolle am Schreiben. Hier taucht plötzlich Neapel auf, mehr dazu im Kapitel 12. Ungeplant. Herrlich.

BERTRAND RUSSELL

Elf Bettler sprangen auf und streckten die Hand nach dem
Geld aus, weshalb er sie dem zwölften gab.

Russell argumentiert weiter, dass er mit seinem *Lob des Müßiggangs*
natürlich nicht die reichen Großgrundbesitzer meint, die nichts tun und
andere für sich arbeiten lassen.

BERTRAND RUSSELL

Dank der modernen Technik bräuchte heute Freizeit und
Muße, in gewissen Grenzen, nicht mehr das Vorrecht
kleiner bevorzugter Gesellschaftsklassen zu sein, könnte
vielmehr mit Recht gleichmäßig allen Mitgliedern der
Gemeinschaft zugutekommen.

Bereits 1935 forderte Russell auf, vier Stunden täglich zu arbeiten, um
sich dann fit und eifrig dem Müßiggang hingeben zu können. 1935!
Sibylle Berg stellt die Diagnose auf ihre Weise aus:

SIBYLLE BERG

Hey, Sie Mittvierziger ohne abgeschlossenes Studium,
eigentlich hat der Markt keine Verwendung für Sie. Der
Kapitalismus, Sie wissen schon. Weil wir aber noch eine
geringe Hoffnung in ihre Kaufkraft setzen, tun wir so,
als stünden dem Fleißigen alle Türen offen. Machen Sie
Fortbildungskurse, bilden Sie sich weiter, aber erhoffen
Sie sich nichts davon, weil Sie sind ALT!

Tagebucheintrag 24. April 2020

Akte: Social Distancing Shaming

Heute ein Mistsackerl zur Mülltonne gebracht, am Weg begegnet mir
der Fastnachbar, ich grüße freundlich, er grüßt fast freundlich, schaut
mich an und sagt: »Und, Mundschutz?« Das ist ihm gleich aufgefallen, dass ich keinen Mundschutz trage, weil ich in der Früh um halb
sieben nicht damit gerechnet habe, meinem Fastnachbar auf der drei
Meter breiten Straße zu begegnen, die ich überqueren muss, wenn ich
den Mist zur Mülltonne bringen will. Die Menschen verändern sich
mit Corona, heißt es. Dass das Gute aus ihnen herauskommt, heißt
es, dass sie einander mehr helfen, zueinander stehen. Ich habe da so
meine Zweifel.

VERNADERUNGSLISTE FÜR DIE NÄCHSTE CORONA-WELLE

1) In den Prater gehen und jedem Jogger »Mörder« zurufen
2) Eine Elterngruppe gründen und sich über die Lernschwächen der jeweils anderen Kinder austauschen
3) Autofahrer anhalten und sich über ihr Reiseziel erkundigen
4) Protokollieren, wer wie lange wo auf welcher Parkbank sitzt
5) Spähtrupp in Strandbäder entsenden
6) Spezialeinheit für Schanigärten einsetzen
7) Spritzenkur mit Desinfektionsmittel in Erwägung ziehen
8) FPÖ wählen

Und jetzt? Wie tun wir weiter? Jede Krise birgt auch eine Chance. So sagt man. Nützen wir sie also? Im Sinne von »Packen wir's an«? Fragt man die Alten, so kriegen wir wenig ermutigende Antworten: »Besser wird gar nichts.«

SIBYLLE BERG
Es gibt ja nur noch Oligarchen und die Unterschicht, die abgelenkt werden will von sich selbst. Bald wird es nur noch einen online Buchverlag geben, nur noch ein Imperium, das Musik verlegt und Independent-Filme kann sich keiner mehr leisten. Alles was wirtschaftlich nicht erfolgreich ist, wird verschwinden. Ein paar Milliarden Menschen zu beschäftigen, die sonst durchdrehen, das ist die Herausforderung der kommenden Jahre.

Wie fast überall haben viele Menschen aus Kunst, Kultur und Unterhaltung während der Corona-Krise und danach Aufträge und Jobs verloren. Veranstaltungen wurden abgesagt, Theater blieben geschlossen, Drehs wurden verschoben oder ganz gecancelt, Kurzarbeit ist für Freiberufler nicht vorgesehen. Für KünstlerInnen, MusikerInnen, SchauspielerInnen wurde und bleibt es brenzlig. Die Regierung wird mehr und längerfristig helfen müssen, wenn sie sich auch in Zukunft mit dem Mäntelchen der Kulturnation schmücken will.

Und bitte nageln Sie mich nicht fest. Ich bin kein Mathematiker und auch kein Philosoph, geschweige denn Politiker. Aber ich glaube trotzdem, dass wir es schaffen können, wenn wir uns für ein neues System öffnen. Ich bin zum Beispiel ein Fan der 20-Stunden-Woche –

VIER STUNDEN ARBEIT PRO TAG SIND GENUG!

PROFESSOR RUBEYS LOBLIED AUF DIE FAULHEIT:
Oh, ihr Geknechteten! Arbeiterinnen, Angestellte, Klein-, Mittel- und Großunternehmer, Oligarchen, Arbeitslosengeldbezieher, Systemerhalter, Kapitalisten, Kommunisten, ihr Produzenten, Konsumenten jeden Alters und Geschlechts, oh, ihr alle! Jetzt ist genug gehackelt, von jetzt an zählt die Pause!

Kein Mensch arbeitet acht Stunden am Tag konzentriert – weder körperlich noch geistig. Wie Forschungen zeigen, können wir uns nicht länger als zweieinhalb Stunden hochkonzentriert einem Projekt widmen. Den Rest verplempern wir. Mehr Zeit bedeutet eben nicht gleichzeitig mehr Leistung. Wir leisten mehr, wenn wir in die Phasen der Hochkonzentration Pausen einstreuen. In drei, vier, maximal fünf Stunden täglich arbeiten wir konzentrierter, fokussierter, effizienter und organisierter.
Es gibt Betriebe, die eine 30-Stunden-Woche probiert haben und damit schon ziemlich erfolgreich waren. Ich lese zum Beispiel im *Standard*:

DER STANDARD
Vier Tage arbeiten, drei Tage frei. Das galt für 2300 Angestellte von Microsoft Japan im August 2018. Der Konzern wollte testen, wie sich die Arbeitszeit auf die Produktivität der Mitarbeiter auswirkt. Das Resultat: Die Leistung steigerte sich um fast 40 Prozent – gemessen am Umsatz pro Kopf, verglichen zum Vorjahr.

Es geht sogar noch weiter. Es gibt eine Studie, die weist nach, dass Menschen über vierzig am produktivsten sind, wenn sie nur drei Tage pro Woche arbeiten. Neuseelands Regierungschefin Jacinda Ardern ermunterte in der Corona-Krise Unternehmen, die 4-Tage-Woche einzuführen. Der zusätzliche positive Nebeneffekt ist nämlich auch, dass durch eine solche Maßnahme die Arbeitslosigkeit sinken würde.

BERTRAND RUSSELL
Vor allem aber wird es wieder Glück und Lebensfreude geben statt der nervösen Gereiztheit, Übermüdung und schlechten Verdauung.

Gute Verdauung, klingt fantastisch, oder nicht? Wie soll das gehen, fragen Sie jetzt, mit Corona und Krise? Ich behaupte, es geht und genau jetzt. Fast noch besser als der Plan von der 20-Stunden-Woche ist nämlich die Idee vom bedingungslosen Grundeinkommen. Alle hätten etwas davon – Leute, das wär's, wenn ich das so salopp sagen darf.

Richard David Precht ist einer der Verfechter dieser Idee. Der kluge Mann sagte voraus, dass aufgrund der fortschreitenden Digitalisierung bald relativ viele Leute ihre Arbeit verlieren würden und jene, die noch erwerbstätig seien, die vielen Arbeitslosen irgendwann nicht mehr finanzieren könnten. Er sieht das Sozialsystem des 20. Jahrhunderts durch die Digitalisierung ausgehebelt, und wir müssten uns etwas grundlegend Neues überlegen. Precht sagte das anno 2018, als von Corona noch gar nicht die Rede war. Jetzt haben wir allein in Österreich mehrere Hunderttausende Menschen ohne Arbeit, und es ist absehbar, dass sich Arbeitslosigkeit auf Dauer nicht mehr über Arbeitslosengeld finanzieren lässt, sondern dass sozialer Frieden nur durch ein bedingungsloses Grundeinkommen garantiert werden kann. Das Geld dafür käme aus der Wirtschaft und zwar über eine Mikrosteuer auf Finanztransaktionen auf Spekulationen. Für die Schweiz etwa würden 0,05 Prozent Steuer auf Finanztransaktionen ausreichen, um ein Grundeinkommen auszuzahlen, rechnet Precht. Für Deutschland kalkuliert er 0,3 bis 0,4 Prozent.

Ich habe keine Zahlen, aber eine ganz klare Vision dazu. Sie hat mit Menschenwürde zu tun, mit dem Recht auf Arbeit, mit großen Konzernen, die richtig Steuern zahlen müssen auch für Maschinen und für Roboter und mit Solidarabgaben ab einem gewissen Vermögen.

Vielleicht ist das eine Erkenntnis, die sich durch die Pandemie stärker in den Vordergrund drängt. Ich weiß es nicht. Aber ich will es unbedingt gesagt haben. Finden Sie das naiv oder taktlos? Ich lasse Egon Friedell antworten:

EGON FRIEDELL

Jeder schöpferische Mensch zeichnet sich dadurch aus, dass er keinerlei Rücksichten nimmt. Er spricht unbekümmert alle Beobachtungen und Entdeckungen aus ... Hamlet und Tasso, die Genies, benehmen sich fast ununterbrochen taktlos, während ihre Gegenspieler Polonius und Antonio durchaus taktvolle Menschen sind. In der Tat sind denn auch alle großen, tiefen, neuen Dinge immer spielend gefunden worden. So verdanken zum Beispiel alle praktischen Erfindungen von der Urzeit angefangen, ihre Entstehung höchst unpraktischen Beschäftigungen. Das Wurfgeschoss, der Feuerstein, der Hammer: alles dies war anfangs Spielerei. James Watt beobachtete zum Zeitvertreib einen summenden Teekessel und infolgedessen hat die Erdoberfläche ihr Aussehen gänzlich verändert ... Der ernste Mensch hingegen erreicht ausnahmslos nichts ... Denn die Geheimnisse der Welt machen es wie die Kinder.

TO DO-LISTE

1) Tun Sie Dinge in Echtzeit!
   (Merke: Multitasking ist immer
   Qualitätsverlust!)
2) Trinken Sie weiße Korrekturen und viele
   Espressi sospesi.
3) Singen Sie unter der Dusche und tanzen
   Sie alleine im Pyjama.

Schlecht tanzen ist wunderbar. Ich tanze auch auf der Bühne gerne und immer schlecht. Eines Tages kam nach einer Show eine Frau zu mir und sagte, sie sei mir sehr dankbar, weil ihr Mann habe mich tanzen sehen und er traue sich jetzt auch wieder.

DIE BESTEN WORKPLACE-SERIEN

Enlightened
Büro Büro
Zoes Extraordinary's Playlist
The Office
30 Rock
After Life
Mad Men

LISTE DER BESTEN NICHTSTUER IN SERIEN

Pippi Langstrumpf
Don Draper - Mad Men
Garfield
Die faule Paula
Loriots Herrmann – Ich will hier nur sitzen
Lenny Belardo - Papst Pius XIII. –
The Young Pope

10

SEX

–

Eine kurze Geschichte über moderne
Einsamkeit oder Wie es wäre, wenn
ich Single wäre

Ich bin gerade über den leeren Wiener Gürtel gefahren mit meinem neuen Sharan. Ein Vorführwagen. Viel zu viel Platz darin. War aber ein Schnäppchen. Im Grunde wollte ich nirgendwohin. Wir dürfen gar keine Termine haben. Es ist ja Corona. Wir kriegen zwar kein Geld, aber wir dürfen auch nicht auftreten. Was ist der Unterschied zwischen einem Selbstständigen und einer Pizza? Eine Pizza kann eine Familie ernähren. Also bin ich spazieren gefahren. Ich scrollte auf meinem Handy herum auf der Suche nach der passenden Playlist. Versehentlich habe ich wohl die Sprachsteuerung des Bordcomputers gedrückt. Dieser sagte plötzlich: »In 150 Metern rechts abbiegen.« Daraufhin antwortete Siri: »Wie bitte? Manuel, ich habe dich nicht verstanden, kannst du das bitte wiederholen.« – »Jetzt rechts abbiegen!« Ganz kurz hatte ich das Gefühl, das Auto wäre voller Leute. Dabei saß ich wie immer allein drin.

Ich bin ja jetzt auch schon ein Jahr Single, und Tinder ist echt keine App für mich. Ich bin zu faul dafür. Ich will nicht irgendwo in einen anderen Bezirk fahren für ein Date. Ich hab' den Radius einfach nur auf 30 Meter gestellt, aber da ist dann nur der Postler infrage gekommen. Sexualität ist deprimierend. Ich habe wirklich viel probiert seit der Trennung. Ich fühl mich sogar beim Gruppensex allein. Pflanzen sind mir sehr wichtig. Sie sind eigentlich die besseren Menschen. Ein paar Monate war ich jetzt mit meinem Oleander liiert. Ein japanischer Oleander. Er spricht ähnlich ungern wie ich. Wir waren in stiller Harmonie in der Wohnung. In der aufgeräumten Wohnung. Es ist so aufgeräumt, dass es schon beinahe wieder ein neues Chaos darstellt. Es ist so unendlich still in meiner Wohnung. Ein paar Mal haben die Nachbarn schon mitten in der Nacht angeklopft und gesagt, ich soll aufhören, so leise zu sein.

Da mir Asien sehr am Herzen liegt und ich die Mentalität und das Höfliche so mag, habe ich dann einen mutigen Schritt gewagt und mich beim japanischen Tinder angemeldet. Dort habe ich meine neue Freundin kennengelernt. Und diese Frau ist für mich als prokrastinierenden Hypochonder perfekt. Die jungen JapanerInnen haben keinen Sex mehr, das interessiert die nicht. Die wollen auch keine Beziehung mehr. Das ist ihnen zu anstrengend. Sie brauchen nur die Fotos für Instagram. Das reicht denen. Das ist super. Meine neue Freundin will sich nämlich gar nicht mit mir treffen und auch nicht reden. Wir sehen uns aber viel. Gut, eigentlich skypen wir nur manchmal. Aber ohne

Bild. Und ich spreche auch kein Japanisch. Eigentlich hören wir uns nur beim Atmen zu, im Moment kriselt es ein bisschen leider, weil sie hat letztens niesen müssen und ich habe »Gesundheit« gesagt und da meinte sie: »Ich brauche Abstand, du redest mir einfach zu viel.«

LEONARDO DA VINCI

Der Zeugungsakt und die ihm dienenden Organe zeichnen sich durch eine derartige Hässlichkeit aus, dass wenn nicht die Schönheit der Gesichter und die Macht der Leidenschaft bei den Liebenden hinzukäme, das menschliche Geschlecht aussterben müsste.

Natürlich haben Sie als Erstes hierher geblättert, liebe Leserin, lieber Leser. Das war aber ein Trick, gebe ich zu. Sex sells. Sind Sie enttäuscht? Bleiben Sie dran, ein bisschen was werde ich schon preisgeben … also … vielleicht.

Sex ist super. Leonardo da Vinci wusste das auch schon. Doch wenn Sie ganz ehrlich mit sich und nicht mehr zwischen 14 und 24 Jahre alt sind, dann ist auch Ihnen klar: Sex ist grob überschätzt. Also insgesamt, aber vor allem in Hinblick auf die Bedeutung, die wir ihm geben. Ich plädiere keinesfalls für offene Beziehungen, aber mein Eindruck ist, dass viele Menschen in festen Bindungen oft nicht zu ihren Bedürfnissen stehen, sich ihren geheimen Wünschen jahrelang verweigern. Es fängt damit an, dass er oder sie ihr Darüber oder Darunter nicht kränken will. Sie sagt nichts, wenn er zu viel will, er sagt nichts, wenn sie zu wenig will – und umgekehrt. Zu kurz, zu lange, zu heftig, zu sanft, falscher Punkt, falsche Öffnung, falsche Spielsachen, falsche Tageszeit – nichts von alledem kommt zur Sprache, dabei gäbe es viel zu reden.

Die Jahre vergehen, man wird älter und aber leider nicht reifer, und dann kommt die Alterspanik. Habe ich so gelebt, wie ich wollte? Habe ich alles getan, gesehen, gefühlt, was ich wollte? Nein? Wie viele Jahre bleiben mir noch? 30? 40? 50? Eh ganz schön viel, eigentlich. Und trotzdem, ICH MUSS ETWAS TUN! Und dann passiert es, völlig unerwartet: Ein neuer Mensch tritt ins Leben, man verliebt sich. Gefühle, so neu, so schön, ich habe ja gar nicht mehr gewusst, also ehrlich! Und über Nacht ist nichts mehr wert, was bis dahin war. PartnerInnen und Kinder bleiben in ihrer Fadheit perplex zurück, die Scherben, die diese Beziehungselefanten hinter sich lassen, werden selten bis nie weggeräumt. Verlieben ist so überschätzt wie Sex. Verstehen Sie mich bitte nicht falsch, beides trägt zu einem glücklicheren Leben bei, und Sie werden im nächsten Kapitel erfahren, dass ich für Rauschzustände aller Art großes Verständnis habe. Der Rausch der Verliebtheit sollte aber nie der Grund für schwerwiegende Entscheidungen sein, vor allem wenn Kinder im Spiel sind. Das soll jetzt keine erzkonservative Leier von der Heiligkeit der Ehe werden, aber ich finde, Verlieben ist zu leicht. Verlieben ist wie Drogen nehmen.

WENN ICH GUT DRAUF BIN, KANN ICH MICH DREIMAL IM MONAT VERLIEBEN – ÜBRIGENS DURCHAUS AUCH IN MÄNNER.

Allerdings weiß ich, dass ich im verliebten Zustand nicht zurechnungsfähig bin und dass ich dann eher keine Entscheidungen treffen sollte, die weitreichende Folgen für andere Menschen haben. Lauschen wir doch kurz der großen Christine Nöstlinger:

CHRISTINE NÖSTLINGER

Den Ausdruck One-night-Stand kannte man damals noch nicht, den Tatbestand sehr wohl. Ich bezweifle auch, dass er in den 50er-Jahren seltener stattfand als heutzutage, man redete bloß nicht darüber. Es ist eben, wie bei anderen Fragen der Moral auch: Zuerst ändert sich das Verhalten der Menschen, dann kommt die gesellschaftliche Akzeptanz hinterher. Unser damaliger Begriff von Treue war ein anderer als der der Generation vor uns, und vermutlich auch als der nach uns. Wir waren für »soziale Treue«, also dafür, dass man sich für den Partner verantwortlich fühlt und nicht gleich davonrennt, wenn es einmal schwierig wird. Aber dass man sich nach vielen Ehejahren von jemandem anderen erotisch angezogen fühlte, hielten wir für völlig normal. Viele gingen sehr offen damit um. Mich interessierte nicht, ob der Nö (*Christine Nöstlingers Mann, Anm.*) gerade eine Affäre hatte oder nicht, und ich sah auch keinen triftigen Grund, ihm diesbezüglich von mir zu erzählen. Eifersucht, sagten wir, ist Besitzgier und Verlustangst. Ein halbes Jahrhundert in totaler sexueller Treue zu verbringen, das kommt mir öde vor.

Zur Auflockerung eine kurze Sex-Liste:

<u>SEXLISTE:</u>

1) Man braucht durchschnittlich zwei Sekunden, um sich zu verlieben. Das ist wissenschaftlich erwiesen. Wollen wir wirklich in zwei Sekunden alles über Bord werfen, was uns lange Zeit wichtig war?
2) Orgasmus und Schadenfreude werden vom Gehirn ähnlich empfunden.
3) Heutzutage ist man ja auch viel zu schnell auf alles süchtig: »Tut mir leid, ich bin sexsüchtig« ist ein Satz, der wahrscheinlich von einem Mann erfunden wurde, den sie beim Fremdgehen erwischt haben.
4) Angeblich soll Charlie Chaplin gesagt haben, dass er niemals eine Frau anschauen konnte, ohne an Sex zu denken. Vielleicht ist das aber genauso ein Gerücht, wie dass er bei einem Chaplin-Lookalike-Wettbewerb nur Dritter geworden sei.

Ich hatte einen sehr guten Freund während meiner Pubertät. Er hieß Heiko (Name von der Redaktion ein wenig verändert). Er heißt noch immer so, aber wir sehen einander leider nicht mehr.[*]

Er wohnte in einer Siedlung, zwei Minuten mit dem Rad entfernt. Er hatte zwei große Brüder, die er sehr verehrte und über die er die besten

---

[*] Für Freundschaften gibt es irgendwie keine Trennungsrituale. Das finde ich schade. Weil auch Freundschaften können zu Ende gehen. Man lässt das dann so auslaufen, oder provoziert irgendeinen Konflikt. Ich fände es gut, sich würdevoll zu trennen, wenn man sich – und dieses Wort finde ich passend – auseinandergelebt hat. Auch und gerade in Freundschaften, die in einem Lebensabschnitt wichtig waren.

Geschichten erzählte. Einer ging nach L.A., der andere in die Unterwelt. Mit Heiko tat ich drei prägende Dinge. Wir gründeten unsere erste Band. Wir spielten fast täglich Tischtennis und waren in etwa gleich gut. Die Partien waren Schlachten, und meistens war der Verlierer so sauer, dass er grußlos nach Hause fuhr. Wir hörten damals noch Sätze wie »Wenn die Straßenlaternen angehen, kommst du heim!« Ich erzählte Heiko während einer Tischtennispartie, dass sich meine Eltern gerade scheiden lassen. Ich konnte es nicht anders sagen, aber so zwischen zwei entscheidenden Bällen war es möglich. Er sagte: »Meine sind noch zusammen, aber so super ist das auch nicht.« Sein Vater war Pilot, und wenn er uns mit dem Auto irgendwo hinbrachte, sagte er: »Gemma, gemma, hinten einsteigen, vorne fahren wir schon.« Die dritte Sache war jene: Heikos Vater hatte eine große *Columbo*-Sammlung auf VHS. Und irgendwann kamen wir dahinter, dass, wenn wir nach dem Abspann noch einige Minuten weiterlaufen ließen, zuerst Ameisenkrieg kam, dann eine Schwarzblende, und danach stießen wir auf frivole Perlen der deutsch-österreichischen Filmkunst, wie *Gaudi in der Lederhose*. Es war natürlich ein Erweckungserlebnis, weil sich Sexualität in Ermangelung von Internet und Praxis bisher beinahe ausschließlich in unseren Köpfen abgespielt hatte. Jedes Wochenende, an dem Heikos Vater beruflich im Ausland war und dessen Frau, also Heikos Mutter, ihn begleitete, übernachtete ich bei meinem Freund. Nachdem wir den Film zum ersten Mal zu Ende gesehen hatten, schrieb ich eine Liste:

PORNOLISTE

1) Der Film hat mir (vermutlich) falsche Vorstellungen von Schwiegermüttern vermittelt.

2) Reicht es wirklich, nachdem man jemanden kennengelernt hat, nur drei Worte zu sprechen, bevor man sich an die Genitalien fassen kann?

3) Im Halbschlaf mit Sex geweckt zu
werden ist geil, es sei denn die
Nachbarn haben ihn.
4) Ich brauche unbedingt ein wenig Stroh,
das ich herumliegen lassen kann, das
zieht anscheinend voll bei den Damen.
5) Ich muss mir die Haare wachsen lassen
und mich Alfonso Rubey nennen.
6) Ach so funktioniert ein Casting. Meine
Entscheidung steht fest: Ich werde
Schauspieler.

Wir begannen uns in dieser Zeit nicht nur für Frauen genauer zu interessieren, sondern auch für deutschsprachige Popmusik. Tocotronic, eine Band, die mich bis heute begleitet, begann Alben zu veröffentlichen und neben Nirvana war sie wahrscheinlich die wichtigste Gruppe für mich in dieser Zeit:

TOCOTRONIC
Über Sex kann man nur auf Englisch singen – allzu leicht kann's im Deutschen peinlich klingen.

Eine weitere Band, die damals viel bedeutete, hieß Blumfeld, benannt nach einer Figur bei Kafka. Distelmeyer schrieb verstörende Texte, die wir analysierten, aber nur bedingt verstanden. Später driftete er in Naturlyrik ab, und ich weiß bis heute nicht, ob er verrückt geworden ist, oder einfach nur ähnlich genial wie Dylan sich nicht vereinnahmen lassen will.

BLUMFELD
Lass uns nicht von Sex reden
auf dem Küchentisch
ein Gedicht von Patti Smith:
female, feel male
sie schreibt:

heftig ... schwach ... schwelgerisch
im Sommerrock sich legen lassen
von einem schmalhüftigen Jungen hinter der Kegelbahn bluten
... den Höhepunkt erreichen ... den Bauch gefüllt bekommen
Lass uns nicht von Sex reden
Du siehst ja, ich weiß gar nicht, wie das geht
ich liebe Dich
am liebsten nackt
aber wie soll ich Dir nah sein,
wenn ich nicht weit genug von mir selbst entfernt sein kann
schließlich war ich im Fußballverein; Kick'n'Rush
wann hört Macht auf? Hier fängt Macht an!
Lass uns nicht von Sex reden

Natürlich leben wir mittlerweile in völlig übersexualisierten Zeiten, in denen junge Männer problemlos Zugang zu sogenannten Mainstreampornos haben und ja, das macht mir Angst, wenn ich daran denke, dass meine Töchter in nicht allzu ferner Zukunft mit jungen Männern konfrontiert sein werden, die glauben, so geht Sexualität. Ich habe, wie so oft, auf wirklich wichtige Fragen keine Antwort, aber ich klammere mich an die Hoffnung, dass Eltern von jungen Männern auch wollen, dass sie ihren Sprösslingen Alternativen aufzeigen und schon auch sagen: Man(n) muss die Frau nicht schlecht behandeln, um selbst Freude empfinden zu können.

Darüber hinaus flüchte ich mich wieder in die Ironie. Wie kann Sex geil und aber auch nachhaltig und korrekt sein? Gerne stelle ich meine Gedanken der Stärkung der politisch und gendergerechten Pornoindustrie zur Verfügung. Die Treatments sind rechtefrei zu haben:

BOBOPORN

1) Der Taxifahrer bringt eine junge Frau
   nach Hause und gibt ihr während der
   Fahrt in jeder Situation das Gefühl
   professioneller Distanz.

2) Ein Installateur antwortet auf die Frage »Können Sie bei mir ein Rohr verlegen?« mit »Gern« und verlegt ein tatsächliches Rohr in der Küche und geht wieder.

3) Eine Stiefmutter gibt ihrem Stiefsohn Nachhilfe, sie hilft ihm dabei, seinen Mutterkomplex zu überwinden, und er findet eine Frau in seinem Alter, mit der er eine glückliche, gleichberechtigte Beziehung führt.

4) Eine Lehrerin verführt ihre Schülerin nicht, sondern empowered sie. Statt unter der Decke zu landen, zerstören sie die gläserne Decke.

5) Russisches Hausmädchen bekommt von Familienvater Kollektivvertrag ohne weitere Gegenleistung.

Für meinen Teil ist es jetzt wirklich genug mit dem Sex. Sollte es Ihnen noch immer nicht reichen, gehen Sie in ein Konzert von Ankathie Koi und lassen Sie sich von ihrer genialen sexuellen Bühnenenergie verzaubern.

11

RUBEY HÖRT AUF, DROGEN ZU NEHMEN

—

Ein Versuch

Das Problem beim Drogenausstieg ist: Nüchternheit als Ersatzdroge funktioniert nur eine Zeit lang.

ICH HABE EINE GROßE AFFINITÄT ZU DROGEN ALLER ART. Soll heißen, ich verstehe, warum selbige sich seit Menschengedenken großer Beliebtheit erfreuen. Sie erweitern unser Bewusstsein, machen mutiger, spenden Trost, überwinden Gräben und lassen uns frohlocken. Die Kehrseite ist das böse Erwachen, die Scham, das Selbstmitleid, die schwarzen Löcher und der panische Griff zum Handy: Habe ich diese SMS gestern wirklich noch abgeschickt?

Anfangen möchte ich aber mit einer anderen Droge. Sie hat keine rauschhafte Wirkung, ist aber trotzdem die nach dem Heroin am schnellsten und stärksten abhängig machende.

Ich habe 20 Jahre geraucht. Und ich habe es konsequent betrieben wie sonst nichts in meinem Leben. Eine Schachtel täglich, zu jeder Jahreszeit, egal ob gesund oder krank, in Stresssituationen oder im Urlaub. Meine Motivation morgens aufzustehen war Nikotin, und ich war stolz auf mich, wenn ich so lange mit der ersten Zigarette warten konnte, bis der Kaffee fertig war. Manchmal steckte ich mir die erste auch schon im Bett an. Rauchen war in meinem Elternhaus positiv konnotiert und ich dachte, Erwachsenwerden heißt, mit dem Rauchen zu beginnen oder umgekehrt. Meine Eltern rauchen heute noch. Es war die klassische 80er-Jahre-Kindheit, Renault R4 ohne Nackenstütze, natürlich nicht angeschnallt, hinten drei Kinder, vorne die Eltern. Beide qualmend. Die Fenster blieben zu, es könnte sich ja jemand verkühlen. Im Kindergarten haben wir den Eltern als Weihnachtsgeschenk Aschenbecher gebastelt. Vielleicht kann ich mich auch deshalb wenig an meine Kindheit erinnern, weil alles immer vernebelt war. Im Fasching gingen meine Freunde als Batman und Superman, ich war der Marlboro-Man. Meine ersten Doktorspiele sahen so aus: Meine Freundin hörte meine Lunge ab und sagte: »Ich glaube, du gehörst zu einem richtigen Arzt.«

Jahrelang war es undenkbar für mich, das Rauchen einzustellen. Rauchen war die Vorstellung von Freiheit und der Inbegriff von Coolness. James Dean ohne Zigarette? Sean Penn ohne Zigarette? Die Beatles ohne Zigarette? Lesen? Telefonieren? Trinken? Atmen? Ohne

Zigarette? Schon wenn ich einige Stunden aufs Rauchen verzichten musste, erschien mir alles trostlos und leer.

Wann genau der Gedanke begann konkret zu werden, es doch einmal zu probieren – nämlich mit dem Rauchen aufzuhören, weiß ich nicht mehr. Ich erinnere mich nur an zwei prägende Dinge. Unsere größere Tochter kam eines Tages vom Kindergarten heim und erklärte mir, sie würde nun meine Raucherei nicht mehr länger akzeptieren, weil sie heute gelernt habe, dass man sich beim Rauchen »die Lunge brechen könne«. Das zweite Ereignis war die Erkenntnis, dass ich überall sonst in meinem Leben alles daran setzte, ein autonomes, selbstbestimmtes Leben zu führen und dann aber um drei Uhr früh bei Minusgraden im Pyjama zum Zigarettenautomaten ging.

Es folgten halbherzige Versuche. Ich las den Klassiker *Endlich Nichtraucher*, besuchte Raucherentwöhnungsseminare und versuchte es mit Hypnose. Zumindest Letzteres empfand ich als sehr angenehm, mir gefiel es, eingelullt in ein anderes Bewusstsein gehievt zu werden. Es brachte nur leider nichts, denn wenn man gute Drogenerfahrungen hat, ist das eben nicht so leicht.

Apropos gute Drogen, da fällt mir ein, dass mein finnischer Freund Juhani (Sie kennen ihn aus Kapitel 2) in Amsterdam einmal glaubte, er sei ein Pferd und auf der Zugfahrt zurück, als wir aus Angst vor einer Kontrolle noch schnell alles eingeworfen hatten, aß er zuerst drei riesengroße Vanilleschnecken, dabei flüsterte er ständig »die sind urgut«. Später schlief er ein, zunächst tief und fest, wie es schien, doch nach kurzer Zeit schreckte er hoch und hielt bis Wien seinen Kopf extrem schief. Das Bild war ihm verrutscht, und er musste es ausgleichen.

Mit diesen Erfahrungen konnte die sehr freundliche Hypnotiseurin nicht mithalten, und es dauerte keine 24 Stunden, bis ich wieder rauchte. Das Seminar war ein noch größerer Reinfall. Ein eitler Typ betete Stehsätze herunter, die er sich selbst als Einziger glaubte.

Es half alles nichts. Immer und immer wieder wurde ich rückfällig und immer auf ähnliche, beschämende Art. Bei Freunden einen Zug nehmen, heimlich. Dann unbemerkt zur Trafik schleichen und für »einen Freund« Tschick holen oder nur noch Zigarillos rauchen, oder – völliger Abstig – Pfeife. Erbärmlich.

Dann empfahl mir jemand den Psychiater und Suchtexperten Dr. Arif Mendelssohn. Er gefiel mir auf Anhieb, vor allem wegen seines fantastischen Namens, der direkt aus Torbergs *Tante Jolesch* stammen könnte. (Falls Sie zu den Glücklichen gehören, die die Lektüre dieses Buches noch vor sich haben, beneide ich Sie.)

Ich lag nicht falsch. Dr. Mendelssohn entpuppte sich als sehr freundlicher, hochintelligenter Mensch, der alles über Süchte weiß, ohne jemals selbst und am eigenen Leib einer erlegen zu sein. Letzteres unterstelle ich ihm einfach, weil er so gesund und abgeklärt aussieht. Dies ist übrigens auch überhaupt kein Widerspruch. Viele der aktuell besten Fußballtrainer (Klopp, Nagelsmann, Tuchel) waren selbst bloß durchschnittliche Fußballer.

Der Psychiater trug mir zunächst auf, dass ich ab sofort für drei Wochen ein Rauchertagebuch führen müsste und wir einen Termin in ungefähr sechs Wochen als Ereignis festlegen sollten, an dem ich das Rauchen hinter mir lassen würde. Wir legten den 1. Dezember fest. Im Rauchertagebuch musste ich jede gerauchte Zigarette genau analysieren. Wo bin ich gerade? Bin ich gestresst? Bin ich entspannt? Wie schmeckt es? Wie riecht es? Was denke ich beim ersten, beim letzten Zug? Einfach alles, was mir während des Rauchens einfiel. Außerdem durfte ich rauchen, so viel ich wollte, aber keine Marke ein zweites Mal kaufen, was bewirkte, dass ich nach einigen Tagen in der Trafik stand und *Ernte 23*, *Dames* oder *Jonny Filter* bestellte. Ich durfte die Stummel auch nicht mehr achtlos ausdämpfen oder wegwerfen, sondern musste sie in einem großen Gurkenglas sammeln, das ich für die Wochen bis zum meinem Termin nun immer dabei haben musste. Beim Kochen, beim Spazierengehen, selbst beim Schlafen stellte ich diese Kloake aus Zigarettenresten neben das Bett.

Auszug aus meinem Rauchertagebuch:

NOVEMBER 2013. Ich habe sogar ein Müsli gegessen, bevor ich die erste Zigarette rauche. Sie schmeckte jetzt aber gerade urgut, obwohl es sich um die Marke Hobby handelt. Gut, mir ist bewusst, dass es die erste ist und alle danach nicht mehr so gut sein werden. (Hoffe ich zumindest.)

NOVEMBER 2013. Tatsächlich hat mir die Zigarette gerade nicht geschmeckt. Diese Champix sind wirklich ein Teufelszeug. Genau wissen möchte ich nicht, was da drin ist. Aber Vermarktung können sie, die Amis. Die Packung sieht aus wie ein Cover von Pink Floyd.

NOVEMBER 2013. Habe an der 13A-Busstation eine geraucht. Sie hat leider wieder ziemlich gut geschmeckt. Es sind noch zwei Tage. Das schaffe ich nie. Ich kann an nichts anderes mehr denken. Vielleicht rauche ich heute Nacht noch einmal ganz viele Zigaretten. Bis mir so graust, dass ich mir das Grauen für alle Zeit einpräge. Es soll mich wappnen. Ich kann an nichts anderes mehr denken. Auf der Milchglasscheibe neben dem Busfahrplan steht: »Alles ist oasch.« Dem ist gerade nichts hinzuzufügen.

»Wir behandeln Sie wie einen Alkoholiker«, sagte der Doktor. Dr. Mendelssohn erzählte mir alles über Suchtkurven und wann die Wahrscheinlichkeit des Rückfalls am größten sein werde. »Sie müssen gerüstet sein, schon die kleinste Menge wäre riskant. Bei Ihnen macht nicht mehr die Dosis das Gift, sondern das Gift ist das Gift.« Zusätzlich gab es für die ersten Monate drei verschiedene Antidepressiva, um alle Stimmungskurven auszugleichen. Ich bin Team Schulmedizin. Meine Meinung zur Homöopathie habe ich an früherer Stelle schon kundgetan. Ich weiß, dass es bei vielen Menschen eine große Hemmung gibt, Antidepressiva zu nehmen. Ich möchte Ihnen die Angst nehmen. In der richtigen Dosis helfen diese Wunderpillen. Man spürt richtig, wie die Hoffnung einschießt und die Welt wieder Farbe bekommt. Natürlich gibt es Nebenwirkungen, die mitunter nicht ohne sind, aber das lässt sich in den Griff kriegen. Der Markt ist so groß, dass man sich ganz gut durchtesten kann. Ein Medikament wirkte gut, doch mein Gesicht sah nach ein paar Wochen blass und aufgedunsen aus. Wie ein Badeschwamm, der zwei Wochen in der Wanne gelegen war. In diesem Fall gewann die Eitelkeit gegen das Wohlbefinden. Bei einem anderen kam zwar die Gesichtsfarbe zurück, aber ich konnte mich nicht so gut konzentrieren und ein drittes kündigte im Beipacktext eine Dauererektion als mögliche Nebenwirkung an. Das war mir zu riskant. Aber zu guter Letzt fand ich das passende Medikament, das bei mir keine erkennbaren Nebenwirkungen zeigte.

Also keine Panik vor Glückspillen! Sie können sich natürlich genauso gut auf die Couch legen und sich einer Psychotherapie hingeben. Auch das habe ich ausprobiert, was anfangs recht befriedigend war, weil es stets damit endete, dass die Eltern die Schuld an meiner Situation tragen würden. Aber letztlich griffen diese Therapien bei mir allesamt nicht, weil ich in jeder Sitzung ab der ersten Frage nur noch herausfinden wollte, worauf der Therapeut, die Therapeutin abzielte. Das zu ergründen nahm meine Aufmerksamkeit völlig in Anspruch und verunmöglichte jede andere Art weiterer Seelenerkundung.

Als Allerletztes versuchte ich es mit Psychoanalyse, der Königin unter den Therapien. Man muss sich verpflichtend viermal die Woche auf die Couch legen und darf nur auf Urlaub fahren, wenn die Therapeutin auch fährt. Die Dame konnte sich in der zweiten Stunde, die eigentlich nur 45 Minuten dauerte und 160 Euro kostete, nicht mehr erinnern, worüber wir die Woche davor gesprochen hatten. Das war dann meine »Heilung«. Ich dachte, würde ich so lausig performen, würde niemand sich auch nur mit einer Freikarte ins Theater setzen wollen.

Jedenfalls reifte in mir der untrügliche Verdacht, dass es bei Psychoanalysen und Psychotherapien sehr oft darum geht, den eigenen Egoismus zu stärken. Das kann bis zu einem gewissen Grad für einen selbst sehr hilfreich sein. Aber an das Miteinander denken solche Therapieansätze leider viel zu wenig. Behaupte ich.

KARL KRAUS

Die Psychoanalyse ist die Krankheit
für deren Heilung sie sich hält.

Wollen wir wirklich dem großen Intellektuellen widersprechen? Oder etwas weniger polemisch drückt es Mihály Csíkszentmihályi in seinem Buch *Flow*[*] aus:

MIHÁLY CSÍKSZENTMIHÁLYI

Die Kontrolle über das Bewusstsein kann nicht institutionalisiert werden. Sobald sie zum Bestandteil des Rasters gesellschaftlicher Regeln und Normen wird, ist sie nicht mehr so wirksam, wie sie ursprünglich sein konnte. Die Routine setzt leider sehr rasch ein. Freud war noch am Leben, als seine Bemühungen, das Ich von seinen Unterdrückern zu befreien, sich zu einer gestandenen Ideologie und starr geregelten Profession auswuchsen.

---

[*] Mehr zum Thema Flow erfahren Sie übrigens in Kapitel 14 über das Fliegenfischen und in Kapitel 15 über das Scheitern und Gelingen.

Zu guter Letzt sagte der Herr Doktor: »Ich glaube Sie sind bereit. Jetzt brauchen wir nur noch etwas für Ihre Hände.« Ich verstand nicht gleich, aber er hatte schon eine Liste an Vorschlägen auf den Tisch gelegt. »Sie könnten Origami falten oder stricken oder häkeln.« Es gehe darum, dass die Hände in den ersten Wochen permanente Beschäftigung brauchen, um nicht immer zu Süßem zu greifen, wenn das Verlangen zu groß werde, was garantiert passieren würde. Ich entschied mich für Häkeln und ließ mir selbiges von meiner Mutter zeigen. Von nun an nahm ich das Häkelzeug überall mit. Ich häkelte morgens beim Zeitunglesen, mittags vor der Schule, wenn ich auf die Mädchen wartete, abends zwischen Soundcheck und Vorstellung. (Glauben Sie mir, wenn Sie es durchgestanden haben, als erwachsener, wahlberechtigter Mann vor Thomas Stipsits in der Garderobe zu häkeln, kann Ihnen nichts mehr passieren.) Und ich häkelte sogar nachts nach der Vorstellung in der Bar, in die wir noch gingen, weil uns das Adrenalin nicht gleich schlafen ließ. Es wurde eine windschiefe, hässliche, fleckerlteppichähnliche Fernsehdecke. Aber sie ist mein ganzer Stolz und ein Nikotinmahnmal.

Es gab zwei weitere Verordnungen von Dr. Mendelssohn, erstens ab Tag X, Stunde null, täglich das Geld zu sammeln, das ich für Zigaretten ausgegeben hätte und mir dafür nach sieben Tagen erfolgreichen Nikotinentzugs eine Belohnung zu schenken. Ich wählte als Aufbewahrungsort das frisch gewaschene Tschikstummel-Gurkenglas und erwarb am Ende der Woche eine Flasche Wein für 200 Euro, was ich noch niemals zuvor getan hatte. Ich trank die Flasche auf einen Satz. Der Wein schmeckte durchaus interessant, letztlich bleibe ich aber auf dem Standpunkt, dass es zwischen 10 Euro und 25 Euro einen großen Sprung im Geschmack gibt. Danach steige ich aus.

Zweitens sollte ich nach Mendelssohnscher Anweisung mit etwas beginnen, das bis dahin für mich undenkbar gewesen wäre. Ich fing an zu laufen. Und habe bis zum heutigen Tag nicht mehr damit aufgehört. Laufen ist wundersam. Es bleibt die tägliche Überwindung, der tägliche Kampf mit dem sogenannten Schweinehund, die Qualen, wenn man unausgeschlafen oder alkoholisiert ist, und aber die Gewissheit, dass es einem danach immer besser geht. Laufen ist unaufwendig. Im Grunde brauchen Sie nur ein paar gute Schuhe, und dann können Sie es immer und überall tun. Und seit die Mobiltelefone auch mit Navigationsgeräten ausgestattet sind, finde sogar ich jedes Mal wieder heim.

Nicht viele sind Riesen. Wie Shakespeare, Balzac, Dickens
… Die Mittel und Wege, die ein Autor zur Kompensierung
seiner Schwächen anwendet, können ein Teil seiner
Individualität werden und ihn auszeichnen. Das meiste über
das Schreiben von Romanen habe ich über mein tägliches
Lauftraining gelernt … Ich bin dem Laufen zutiefst dankbar.

Ich will Ihnen *Wovon ich rede, wenn ich vom Laufen rede* von Murakami
ans Herz legen. Die deutsche Wochenzeitung *Die Zeit* publizierte während der Corona-Krise ein Lauf-Special. Sie schreibt:

DIE ZEIT
Gäbe es Laufen nicht, man hätte es für die Corona-Krise
erfinden müssen. Laufen, der einfachste Sport der Welt.
Ohne Mitspieler, bei denen man sich anstecken könnte
oder umgekehrt. Ohne Spielfeld oder Hallen, die derzeit
geschlossen sind. Ohne aufwendiges Equipment, das man
sich gerade nur sehr umständlich zulegen kann. Ohne
Vorkenntnisse, ohne Regelbuch, es braucht nur ein paar
ordentliche Schuhe, und manchmal nicht einmal das. Ein
Bein vor das andere.

»Vogel fliegt, Fisch schwimmt, Mensch läuft«, sagte der tschechoslowakische Jahrhundertläufer Emil Zatopek. Stimmt: Lesen und Laufen sind die einfachsten und schönsten Dinge. Bei meinem ersten Halbmarathon wurde ich im Zieleinlauf von einer Frau überholt, die barfuß lief und ein Brautkleid trug. So beginnen Romane.

ICH WILL EINE 42,195 KILOMETER LANGE BÜCHERWAND!

Ich bin nun im siebten Jahr des Nichtrauchens, und es passiert, dass ich wochenlang nicht an Zigaretten denke. Der Doktor hatte mit allem recht. Die Abstände werden größer, in denen sich das Verlangen meldet, aber es kommt auch nach Jahren gnadenlos. Ganz plötzlich, wenn mir morgens auf der Straße frischer Zigarettenduft entgegenweht, will ich alles über Bord werfen und einfach nur rauchen. Aber ich tue es nicht. Ich weiß, dass das Verlangen vorbeigeht.

Nun aber zu meiner Lieblingsdroge. Meiner Muse, meiner Hassliebe. Meinem Konfliktpartner. Dem Wein.

TOM HODGKINSON
Wie oft liegen wir nachts wach und lassen uns all die Dinge quälend durch den Kopf gehen, die wir in Zukunft noch tun müssen oder die wir in der Vergangenheit falsch gemacht haben? Darum finde ich gemäßigte Besäufnisse wunderbar, solange die Qualität der Getränke hoch ist.

Harald Juhnke beschreibt diesen herrlichen Zustand so:

HARALD JUHNKE
Keine Termine und leicht einen sitzen.

Wenn es denn so einfach wäre. Wein ist die letzte Droge, die mir geblieben ist, und ich liebe ihn. Wie jeder großen Liebe muss man sich ihr mit Respekt nähern. Ich versuche seit Jahren herauszufinden, wie ein guter Umgang mit Alkohol möglich ist. Nehmen wir zum Beispiel die französische Winzer-Methode. Diese bedeutet: einen Tag jede Woche, plus eine Woche pro Monat plus einen Monat pro Jahr keinen Alkohol. Das Problem hierbei ist, dass diese Herangehensweise dazu verleitet, sich an den erlaubten Tagen hemmungslos die Kante zu geben. Ein Freund von mir machte es jahrelang so: Kein Alkohol, bevor es dunkel ist. Im Sommer wird das schwierig. Irgendwann sah ich ihn um 14 Uhr Wein trinken. Auf mein Nachfragen meinte er: »Ich habe die Methode adaptiert. Rotwein erst, wenn es dunkel ist. Weißwein solange es hell ist.« Ich habe bereits von meinen Freunden erzählt. Kein einziger von ihnen ist auch nur annähernd normal. Und immer, wenn ich an meine Freunde denke, muss ich an den Satz denken, den der Kleinste in *Krieg der Knöpfe* immer sagt: »Wenn ich das gewusst hätte, wäre ich nicht mitgekommen.« Das Beispiel zeigt, dass wir natürlich zu Selbstbetrug neigen, wenn König Alkohol im Spiel ist.

TOCOTRONIC
Wir müssen uns verschwenden an die Dinge, die viel größer sind, als wir verkraften können. Volle Gönnung!

Ich habe quasi als Recherche für dieses Kapitel mehrere Bücher über Alkohol gelesen. Das sind jene, die ich Ihnen auch literarisch empfehlen möchte.

LISTE DER LITERATUR ZUM THEMA ALKOHOL

- x   Der Trinker – Hans Fallada
- x   Das verlorene Wochenende –
      Charles Jackson
- x   Eine kurze Geschichte der Trunkenheit –
      Marc Forsyth
- x   Nüchtern – Daniel Schreiber
- x   König Alkohol – Jack London
- x   Die Kunst Champagner zu trinken –
      Amélie Nothomb

Ich habe ein paar Stellen aus diesen Büchern herausgeschrieben und werde nun lose mit diesen in ein Zwiegespräch eintreten.

HANS FALLADA – DER TRINKER

Wir waren nicht gewöhnlich, wir waren angesäuselte junge Götter, unglaublich weise, herrlich, genial und ohne Grenzen für unsere Kräfte. Wäre dieser Zustand zu halten, würde ich nie wieder einen nüchternen Atemzug tun. Aber man zahlt nach einem gewissen Tarif. Für jede Stärke mit der entsprechenden Schwäche, für jedes Hoch mit dem entsprechendem Tief. Für jeden scheinbar göttlichen Moment mit der entsprechenden Zeit im Schleim der Reptilien.

Alles steht drin in diesem Absatz. Das ist das hohe Risiko. Wenn der Punkt des Aufhörens nicht weise gewählt wird, finden wir uns wieder »im Schleim der Reptilien.« Für den nächsten Tag gilt dann:

ERNEST HEMINGWAY

Wenn man nüchtern ist, sollte man tun, was man angekündigt hatte, als man betrunken war. Das lehrt einen das Maul zu halten.

Von den alten Ägyptern bis zu den heutigen Heerscharen von jungen Menschen auf Maturareise gilt also dasselbe: Komasaufen!

JACK LONDON – KÖNIG ALKOHOL

Mit dem letzten Atemzug ist alles vorbei. Freude,
Liebe, Trauer, Makkaroni, Theater, Lindenbäume,
Himbeerbonbons, die Macht menschlicher Beziehungen,
Klatsch, Hundegebell, Champagner … Der Mensch
ist letztendlich nichts anderes als eine Abfolge von
Bewusstseinszuständen, ein Strom vorübergehender
Gedanken, wobei jeder Gedanke an das Ich ein an-
deres Ich erschafft und eine Myriade von Gedanken
eine Myriade von Ichs. Es ist ein ständiges Werden, aber
niemals ein Sein, ein irrlichterndes Herumflitzen von
Geistern im Geisterland.

Bei aller Zerstörung, die der Alkohol angerichtet hat, und ich will es nicht
gegeneinanderstellen, verdanken wir ihm auch Gedanken wie diesen.
Wahrscheinlich spüren wir uns in den Extremen erst so richtig. Oder wie
es der Reiseschriftsteller und Provokateur Helge Timmerberg formuliert:

HELGE TIMMERBERG

Drogen sind unsere Musen, und ich gehöre nicht zu
denen, die über ihre Musen schlecht reden. Sie machen
das Leben schwieriger, aber das Schreiben leichter.
Hemingway befahl, nüchtern zu recherchieren und mit
Whiskey zu schreiben, Stephen King suhlte sich mit Opium
in Horrorvisionen und hämmerte sie auf Kokain runter.
Hunter S. Thompson nahm Koks und harten Alkohol, um
einen geraden Satz auf die Reihe zu kriegen, Bukowski
brauchte Bier, Bier, Bier, und ich kiffte wie Novalis, Schiller
und Hesse. So gesehen war ich ein Klassiker. Autos
brauchen Benzin und Kreative brauchen Drogen.

Ich habe auch versucht zu analysieren, was in unserem Gehirn passiert.
Oder warum wir immer wieder glauben, dieses Gefühl des Rausches
herstellen zu müssen. Ein Versuch: Neurologisch ist es so: Nüchtern
gleichen unsere Gehirnwindungen einem Pfad, auf dem ständig Eisberge
im Weg stehen. Drogen schmelzen die Gletscher ab. Das ist wahrscheinlich auch der Grund, warum sich Süchtige so verhalten. Sie stehen auf
dem Dach eines brennenden Hauses, der Rettungshubschrauber ist
schon ganz nah und eine Sanitäterin streckt schon die Hand aus und sagt:

Größe Alkohol und die Angst vor Verlieren und die Trinken und Lieben

»Kommen Sie, wir können Sie retten!« Der Süchtige greift nicht dankbar zu, sondern sagt: »Geben Sie mir noch zwei Wochen Bedenkzeit.«

Ich bin ein großer Fan des österreichischen Musikers und Dichters Ernst Molden. Molden hat wie ich großes Verständnis für Süchtige und in seinem Werk stolpern viele vermeintliche Verlierer am Rande der Gesellschaft durch ihre Leben. Molden selbst macht auf mich den Eindruck eines Genießers. Er hat nicht nur sein eigenes Œuvre, sondern auch eine wie mir scheint eigene Lebenshaltung gefunden, die seinen Zauber genauso ausmacht wie seine Musikalität und seine dialektische Sprachgewandtheit. Der Rabenhof ist ein Juwel in der Wiener Theaterlandschaft. Aber, Sie kennen ja das alte Sprichwort, wo viel Licht ist … Wie immer sind solche Plätze aber natürlich gefährlich, weil Suche und Sucht oft eng zusammenwirken. Molden hat einen Song über die berühmt-berüchtigte Rabenhof-Garderobe geschrieben.

ERNST MOLDEN: DER BACKSTAGE-BEREICH VOM RABENHOF

Mir homs geb'n a neiche Hok'n im Dritten
Im Theater musizieren spät auf'd Nochd
Wei i so brav bin hob' i g'sogt ja bitte danke gerne
oba gsünder hot mi des ned g'mocht.
Weu noch da Oabeit derfst durt ned hamgeh'
bis heut' was i ned warum
grod wonnst sche miad wiast sperrn's di in so a Kammerl ei
und dort sitzt dann ewig umadum.
Ka Lüftung und ka einziges Fenster
und sitzen muasst auf da Erd'
bis noch an endlosen Zeitraum
draussen wird's scho hell
irgendwer kummt und de Tür aufsperrt
Der Backstagebereich vom Rabenhof kannst ma sagen
wieso dort irgendwer bleibt?
Und sitzt und locht und trinkt und raucht bis er früher oder
später speibt.

Ernst Molden selbst schafft ja immer würdevoll den Absprung. Er ist einer der ersten, der geht. Während andere morgens erst mit den Reptilien und einem schweren Kopf voller Selbstzweifel das Theater verlassen,

130

sitzt Molden in meiner Vorstellung schon am Frühstückstisch mit seinen Kindern, in der Hand ein mächtiges Rauchgerät, und dichtet. Ich habe ihn gefragt, wie er das macht und er meinte nur lakonisch:

ERNST MOLDEN

Ich versuche, den letzten Raum nicht mehr zu betreten.

Der griechische Tragödiendichter Eubolos beschrieb die Sache so:

EUBOLOS

Für empfindsame Männer bereite ich nur drei Krater (Trinkgefäße) vor: einen für die Gesundheit, den zweiten für die Liebe und das Vergnügen, den dritten dann für den Schlaf. Nach dem dritten gehen die klugen Männer nach Hause. Der vierte ist dann nicht mehr von mir. Er gehört dem schlechten Verhalten, der fünfte dem Geschrei, der sechste ist für Grobheit und Beleidigung, der siebte dient der Prügelei, der achte dient dem Zerschlagen der Möbel, der neunte ist für Depression, der zehnte dient dem Wahnsinn und der Bewusstlosigkeit.

Den letzten Raum nicht mehr betreten. Vielleicht sogar den vorletzten schon nicht mehr. Zum Genuss gehört der Verzicht. Oder so ähnlich. Die Rationalität ist eine extrem dünne Membran und sie ist alkohollöslich. Unter ihr verbirgt sich etwas, das hässlicher sein kann als jeder Kater: die Wahrheit. Wenn es denn so einfach wäre. Bei diesem Riesenthema bleibt mir nur eines. Ich muss die Bibel zitieren:

DIE BIBEL

Wo sind Wunden ohne Grund?
Wo sind trübe Augen?
Wo man lange beim Wein sitzt und kommt auszusaufen, was eingeschenkt ist. Sieh den Wein nicht an, wie er so rot ist und im Glase so schön steht: Er geht glatt ein, aber danach beißt er wie eine Schlange und sticht wie eine Otter. Da werden deine Augen seltsame Dinge sehen und dein Herz wird Verkehrtes reden, und du wirst sein wie einer, der auf hoher See sich schlafen legt, und wie einer der oben im Mastkorb liegt. PROST!

Die schönsten Zitate zum Thema, die ich aufgrund des Alkoholpegels nicht mehr im Text untergebracht habe:

ERNEST HEMINGWAY
Geld macht genau wie Wodka den Menschen zum Sonderling.

NAPOLEON
Nach dem Sieg verdienst du Champagner. Nach der Niederlage brauchst du ihn.

MARK TWAIN
Zu viel ist von allem schlecht. Zu viel Champagner ist genau richtig.

AMÉLIE NOTHOMB
Einen Rausch sollte man nicht improvisieren. Sich zu betrinken ist eine Kunst, die Talent und Sorgfalt erfordert. Die Sache dem Zufall zu überlassen führt zu nichts.

TRUMAN CAPOTE
Um gut schreiben zu können, muss man etwas Kühleres in den Adern haben als Blut.

Wenn Sie Menschen beim Trinken zuschauen und dabei gleichzeitig gute Serien sehen wollen, rate ich zu den folgenden:

<u>SAUFEN IN SERIEN</u>
Patrick Melrose
Mad Men
Deadwood
Boardwalk Empire
Game of Thrones
Shameless
Absolutely Fabulous
Parks & Recreation
Big Little Lies: Generation Q

Es ist ja so, dass Nächte mit Alkohol häufig sehr lang und auch sehr hart sein können und es daher nicht jede Wahrheit unausgesprochen bis zum nächsten Morgen schafft, weswegen es dafür auch ein eigenes Phänomen gibt: das betrunkene Geständnis. Ich mache Ihnen jetzt auch noch ein Geständnis, das nüchtern für immer verschwiegen worden wäre: In meiner Jugend kellnerte ich. Weil ich als Schulsprecher mit der Forderung »Reiche Eltern für alle!« nicht weitergekommen war und meine Eltern es ihrerseits nicht schafften, mir ein meinem Lebensstil entsprechendes Taschengeld zur Verfügung zu stellen, musste ich eben abends an der Bar stehen und kam so früh aus einer Beobachterperspektive mit König Alkohol in Berührung. Eines Tages bestellte eine größere Runde Schnaps. Der Rädelsführer winkte mich an den Tisch und sagte: »Junger Mann, welche Schnäpse kannst du uns denn empfehlen?« Ich kannte nur Birne und sagte deshalb wahrheitsgemäß: »Birne.« Sie bestellten, es schmeckte. Sie waren so betrunken, dass ihnen ohnehin alles geschmeckt hätte, aber das wusste ich damals noch nicht. Sie bestellten weitere Runden und irgendwann wollte der Rädelsführer wissen, von welchem Brenner denn der Schnaps sei. Ich ging die Flasche holen und sagte: »Von Williams.« Sie lachten und tranken weiter.

Und wenn wir schon dabei sind, dann soll auch dieses Kapitel aus-ufern und ausfransen wie eine Nacht mit zu vielen Flaschen Wein.

Es gibt viele wunderbare Mythen und Geschichten um den Schauspieler Peter O'Toole. Die beste hat er selbst in einer Talkshow erzählt. Er spricht in diesem Interview über einen Dreh irgendwo im Nirgendwo, und er und ein Kollege verspürten noch Durst. Ich kenne das nur zu gut, weil auch Stipsits und ich manchmal noch Durst hatten. Jedenfalls hatten sie alle drei Bars der Gegend bis zur absoluten Sperrstunde ausgereizt und auch in der letzten gab es eine allerallerletzte Runde. O'Toole war noch immer durstig, der Barkeeper wollte aber partout nichts mehr ausschen-ken. Der Moderator fragt O'Toole: »What happened then?«

PETER O'TOOLE
And then we bought the Bar!

Also trinken Sie noch ein letztes, wirklich allerletztes Glas mit mir? Bitte. Ich stehe so gerne an Bars. Barkeeper sind ja die Beichtväter und Beichtmütter der Moderne. Aus einem Lautsprecher summt Frank Sinatra *One for my Baby and one for the Road*. Der Barkeeper ist ein kleiner Mann. Komisch, dass mir das noch gar nicht aufgefallen war. Er verschwindet komplett hinterm Tresen. Wenn er mit mir spricht, muss er auf die Budel klettern.

MANUEL
Barmann. Bist du noch da. Geht noch einer?

FRANZ
Ich bin immer für dich da. Vor allem bin ich gezwungenermaßen immer da, wo du bist.

MANUEL
–

FRANZ
Egal. Was darf es sein?

MANUEL
Zwei Whiskey.

FRANZ
Es geht mich zwar nichts an, aber Du kannst auch einen Doppelten bestellen.

MANUEL
Nein. Mein Freund sitzt in einer Bar in Graz und bestellt dort zwei Whiskey und dann stoßen wir sozusagen an. Das haben wir während der Corona-Krise immer so gemacht.

Ich trinke die beiden Whiskeys aus. Jetzt ist alles schon sehr schummrig und gemütlich. Und klar, das Bett ist verlockend. Aber der Weg dahin so weit. Und um diese Zeit kriegt man auch kein Taxi mehr so leicht ...

MANUEL
Noch einen Whiskey. Dann gehe ich wirklich.

FRANZ
Oh, deinem Freund in Graz wird doch hoffentlich nichts passiert sein.

MANUEL
Nein, nein, dem geht es ausgezeichnet. Ich habe nur beschlossen, wieder eine längere Zeit nichts zu trinken![*]

---

* Anspieltipps: *Sunday Mornin' comin' down* – Kris Kristofferson; *Ich will für dich nüchtern bleiben* – Tocotronic.

12

BEWEISE, WARUM MAN BESSER NICHT REISE

—

Die Zeitung vor der Tür und den Espresso, so wie ich ihn kenne. Also reise ich entweder nach Sizilien oder nirgendwohin

> Das Problem ist. Ich komme ja mit. Ich und die 20 Grad
> mehr liegen ja dann dort im Liegestuhl.

Man kann sich ja selbst nicht entkommen. Also kann man auch gleich versuchen, das Problem vor Ort zu lösen. Und die Greta und den Planeten freut das auch.

Ich schreibe dieses Kapitel während der Corona-Krise. Im Moment ist Reisen gar nicht möglich. Was bleibt übrig von dem Wahnsinn? Müssen wir wirklich ständig irgendwohin fliegen? Oder können wir uns, jetzt, wenn wir das überstanden haben werden, vielleicht genauer überlegen, was wir uns durch das Fernweh erhoffen? Ich will nicht sagen, dass mir Corona und der Klimawandel in die Karten spielen, das wäre zynisch und Zynismus braucht jetzt wirklich gerade niemand, aber ich bin schon lange gegen das Reisen. Immer her mit anderen Kulturen, Speisen und Eindrücken, aber wir sind ja eh längst globalisiert und können uns das Beste direkt vor der Haustüre beschaffen. Ich habe wirklich viel probiert. Ich bin sogar bis Australien gekommen, ich war in Namibia (der deutsche Safariurlauber in Militäruniform ist beängstigend, und Zebra heißt mein Freund, das brauche ich nicht am Teller), in Amerika (der Hollywoodschriftzug sieht in Echt nicht besser aus als auf Bildern) und sogar in Polen (selten sonst habe ich so viele vom Katholizismus geknechtete Menschen gesehen).

BEIM REISEN WERDE ICH ZUM MENSCHENFEIND. Ich bin überzeugt davon, dass ferne Länder total spannend sind, wenn da nicht andere Mitreisende wären. Ich erinnere mich an einen Schnorcheltrip in Thailand. Es war sehr schön, das Meer türkisblau, die Fische flitzten frech und bunt um uns, wir staunten über die Vielfalt der Korallen. Noch mehr aber staunten wir über die riesigen Ausflugsboote, die uns plötzlich umringt hatten und – ich übertreibe nicht – mehrere hundert ebenso schnorchelfreudige Ausflügler hinaustrieben. In der Folge ging es hauptsächlich darum, nicht die Flosse oder – noch unangenehmer – das Rohr eines Schnorchels abzubekommen. Warum soll ich mir das antun?

Der einzige Fleck Erde, der wirklich besser ist als da, wo man gerade ist (Krisen und Kriegsregionen natürlich ausgenommen), ist Sizilien. Der Kaffee ist immer besser, die Zitronen blühen auf Bäumen, und die Menschen haben eine Lässigkeit, die den Planeten retten könnte.

Warum will ich nicht reisen? Ich bin unflexibel. Ich hab's gern immer gleich und geordnet. Und die Zeitung vor der Tür und den Espresso, so wie ich ihn kenne. Also reise ich entweder nach Sizilien oder nirgendwohin. Reisen ist überschätzt, und da rede ich noch gar nicht von der alten Legende des Immanuel Kant, der sein Dorf nie verlassen haben soll. Reisen ist überschätzt, weil es ganz oft dann eben nicht so ist wie auf dem Foto, weil es den Planeten zerstört und weil wir dann doch meistens so bequem sind und unter unseresgleichen bleiben.

Ein sehr gutes Buch zu dem Thema kommt von Claudia Endrich. *Das nächste Mal bleib ich daheim*. Sie ist, im Gegensatz zu mir, richtig viel gereist und kommt zu einem ähnlichen Schluss.

CLAUDIA ENDRICH

Wenn du alle paar Tage deinen Standort wechselst, kommst du nirgends an. Reisen erweitert den Horizont. Aber nur dann, wenn es achtsam und langsam passiert.

Und ich behaupte, das Horizonterweitern funktioniert überall, wenn es langsam und achtsam passiert. Wenn Sie mir nicht glauben wollen, so habe ich vorgesorgt und werde drei gewichtige Stimmen zu Wort kommen zu lassen.

EGON FRIEDELL

Der Hauptinhalt des Reisens ist Ruß, Staub, Wanzen, freche Kellner, grobe Mitpassagiere, unverschämte Hotelrechnungen und Magenkatarrh … Wenn ich zuhause bleibe, so habe ich drei Dinge, die mir keine Reise bieten kann: vollständige Ruhe und Ungestörtheit, meinen Lehnstuhl und meine Phantasie.

FERDINAND VON SCHIRACH

Ich reise nicht mehr gerne. Jeder Flug erinnert doch an Massentierhaltung. Vor den Schaltern sind inzwischen Gatter aufgestellt.

LORIOT

Ich mag es nicht, in großen Gesellschaften quer durch die Welt zu reisen. Unter Palmen baden und Delphine angeln. Ich finde das vollkommen überflüssig.

Der wunderbare Herr Friedell, den ich auch unbedingt zur Lektüre empfehle, sagt provokant »Reisen ist für Menschen ohne Phantasie«, und ich finde – und vielleicht hat das mit meinem Beruf zu tun –, dass keine Reise schöner sein kann als jene, auf die mich ein gutes Buch, ein Film oder neuerdings der Langstreckenflug unter den Fantasiereisen, die Serie, mitnimmt. Fazit. Falls Sie wieder einmal vor der Frage stehen, was Sie mit Ihrem Urlaub anfangen sollen. Reisen Sie erst wieder, wenn Sie diese Serien durchhaben.

LISTE DER BESTEN SERIEN ALLER ZEITEN

1) The Sopranos
2) Breaking Bad ✕
3) Homeland
4) The Wire
5) The Marvelous Mrs. Maisel
6) Narcos
7) Modern Family
8) Fawlty Towers
9) Fargo
10) Black Mirror
11) This Is Us
12) Die Brücke
13) After Life
14) The Office
15) Extras
16) Sherlock ✕
17) Chernobyl ✕
18) The Leftovers
19) Fleabag
20) Catastrophe

21) Lucifer

22) Lost

23) The New Pope

24) Mad Men

25) Twin Peaks

26) Tom & Jerry

27) The Simpsons

28) Mr. Robot *mit Paul hats ich dan gsehe*

29) The Handmaid's Tale

30) Downton Abbey

31) Friends

Diese ist natürlich gnadenlos unvollständig. Mein Vorschlag: Wir reisen alle erst wieder, wenn wir sämtliche Staffeln durchgesüchtelt haben! Und bevor wir dann wieder zu reisen beginnen, müssen wir ja auch noch lesen.

ANNE LAMOTT – BIRD AFTER BIRD

Because for some of us, books are as important as almost anything on earth. What a miracle it is, that out of these small, flat, rigid squares of paper unfolds world after world after world, worlds that sing to you, comfort and quite or excite you. Books helps us understand who we are and how we are to behave. They show us, what community and friendship mean, they show us how to live and die. They are full of things you don't get in real life. My gratitude for good writers is unboundend. I'm grateful for it the way I am grateful for the ocean.

THOMAS BERNHARD

Ich hasse schlechte Bücher, für ein gutes aber stieße ich ohne weiteres die Hälfte von meinem Vaterland in den Abgrund.

PFLICHTLEKTÜRE ÜBER DAS REISEN:

1) Bruce Chatwin – In Patagonien
2) Annie Proulx – Ein Haus in der Wildnis
3) Jon Krakauer – Into the Wild
4) Jonathan Swift – Gullivers Reisen
5) Christoph Ransmayr – Die Schrecken des Eises und der Finsternis
6) Michael Ondaatje – Der englische Patient
7) Tanja Blixen – Jenseits von Afrika
8) Henry David Thoreau – Walden
9) Ryszard Kapuściński – König der Könige
10) Cheryl Strayed – Wild
11) Lewis Caroll – Alice im Wunderland

13

GEISTER, FEEN UND TRAURIGE SEELEN

—

Haben Sie schon etwas in Echtzeit gemacht?

Liebe Menschen, ich bemerke, dass ich Ihnen immer wieder gerne etwas sagen möchte, also wundern Sie sich bitte nicht, wenn ich Sie zwischendurch direkt anspreche. Wie geht es Ihnen heute? Haben Sie schon etwas in Echtzeit gemacht?

Ich will weder die Vergangenheit hochhalten im Sinne von »früher war alles besser« noch Social Media oder das Internet verdammen, aber ich war letztens wieder einmal bei meinem Vater in der Wohnung, der wahrscheinlich glaubt, dass es sich beim Begriff Social Media um irgendeine soziale Anlaufstelle einer NGO im Internet handelt. Auf die Wand seiner Küche schreibt er mit Bleistift Sätze, die ihm unterkommen oder einfallen. Ich glaube, in diesem Punkt ist er sehr modern, er nimmt es mit der Autorenschaft nicht so genau, copy and paste sozusagen. Es stehen viele schöne Sätze auf dieser Wand, und ich bin auch sicher, dass ihm viele davon selbst eingefallen sind. Bei einem blieb ich hängen:

AUF DER WAND DES VATERS
Mit dem Ende der Langsamkeit beginnt die Gewalt.

Ich bin in vielerlei Hinsicht altmodisch, und ich merke, dass ich das mit zunehmendem Alter auch zu kultivieren beginne. Ich will mich nicht mehr stressen lassen. Diese altwienerische Redensart »Nur ned hudln« ist schon super. In Stuttgart sagen sie »Nur net hudle«, was während der Dreharbeiten für einen *Tatort* die Rechtfertigung für so ziemlich alles war, was sich an diesem Tag nicht mehr ausgehen würde, obwohl es sich nach menschlichem Ermessen dreimal ausgegangen wäre. Ich spreche also nicht vom Owezahn, wie man es in Wien nennen würde, sondern vom Luxus, über seine Zeit frei zu verfügen. Nicht zu viel in einen Tag reinzupacken, in Kauf zu nehmen, wenn die Straßenbahn einmal zu spät kommt oder gar so viel Zeit einzurechnen, dass man noch die Schuhe polieren und den Weg vielleicht zu Fuß gehen kann, ohne der schönen Tugend Pünktlichkeit nicht die Ehre erweisen zu können.

Ich habe auch die altmodische Angewohnheit, ganze Musikalben zu konsumieren. Weil ich mir denke, der Künstler, die Künstlerin hat sich etwas überlegt bei der Reihenfolge und warum gerade diese Stücke zusammengetragen wurden. Beim Kochen halte ich mich strikt an die Rezeptur, weil für mich klar ist, dass sich auch hier jemand etwas überlegt hat, und ich hasse es, wenn im Radio der Moderator, die Moderatorin in den Song hineinplappert, wenn dieser noch nicht zu Ende gespielt ist. Warum tun sie das? Wollen sie unter Beweis stellen, dass sie noch leben, also arbeiten?

Das ist kein Ratgeberbuch, ich kann nur sagen, dass ich mir in den letzten Jahren einige Gewohnheiten angeeignet habe, die mich glücklich machen.

LISTE DER DINGE, DIE MICH GLÜCKLICH MACHEN, WENN ICH MIR ZEIT FÜR SIE NEHME

Laufen

Lesen

Kochen

Singen

Schuhe Putzen

Gehen

Bügeln

Setzlinge ziehen

Tischtennis spielen

Tarockieren

Es handelt sich hierbei um Beschäftigungen, die allesamt nur in Echtzeit funktionieren. Anker in der Zeit. Mein nächstes Ziel: Ich gründe einen Kartenclub. Einmal im Monat treffe ich mich dann mit den Mitgliedern meiner Neigungsgruppe bei einer Tasse Tee zum Tarockieren und Jazz-Schallplattenhören. Glauben Sie mir, einen Kartenclub in die Welt zu setzen ist eine ziemlich komplizierte Aufgabe. Bis man sich entschieden hat, an welchem Tag er stattfinden soll, wer überhaupt dabei ist und erst die komplexe Frage: Wird nur tarockiert oder öffnen wir uns auch anderen Kartenspielen, wie Skat beispielsweise? Welche Schallplatten wähle ich aus? Das dauert bestimmt Wochen.

HIER GLEICH EINE EMPFEHLUNG, WAS SIE DAZU SERVIEREN KÖNNTEN.

Zimtbrot aka Cinnamon Sugar Pull-Apart Bread

Von meiner Freundin Schlaudia aus Kapitel 7

Dieses Rezept zu teilen, ist wirklich ein Liebesbeweis. Ich habe Claudia mehrfach gefragt und irgendwann hat sie es aufgeschrieben. Wenn Sie es mit einem »Menü« und kurz vor der »weißen Korrektur« servieren (siehe Kapitel 2), werden die Menschen schreien vor Glück und Sie wiederum anflehen, dass Sie ihnen das Rezept verraten. Ich verrate es meinen geschätzten LeserInnen, wenn Sie mir versprechen, dass Sie den Menschen dann sagen, dass sie dieses Buch kaufen sollen ...

Teig:	2 Eier (Raumtemperatur)
360 g Mehl (240g + 85g + 35g)	1 TL Vanilleextrakt
55g Zucker	
großzügige 2 TL Hefe	Füllung:
½ TL Salz	225 g Zucker
57 g Butter	2 TL Zimt
80 ml Milch	½ TL Muskatnuss
60 ml Wasser	57 g Butter, geschmolzen

Zubereitung des Teigs:

Falls man frische Hefe benutzt, diese als Erstes mit 3 EL sehr warmem Wasser und einer Prise Zucker anrühren und ca. 5 Minuten stehen lassen, bis das Gemisch kleine Bläschen schlägt.

In einer großen Schüssel 240 g Mehl, Zucker, Hefe und Salz miteinander verrühren und zur Seite stellen. Die Eier verquirlen und zur Seite stellen.

In einem kleinen Topf die Butter mit der Milch schmelzen lassen - vom Herd nehmen und Wasser und Vanille dazu rühren, diese Mischung darf nicht zu heiß werden. Die Milch-Butter-Mischung mit den trockenen Zutaten vermischen und die Eier in den Teig einarbeiten. Es sieht erst einmal so aus, als würden sich die Eier nicht mit dem Teig vermischen wollen, einfach weiter rühren. Wenn die Eier mit dem Teig verschmolzen sind, die restlichen 85 g Mehl hinzugeben und noch ca. 2 Min rühren. Der Teig ist etwas klebrig und das ist genau richtig.

144

Den Teig in eine eingefettete (oder mit Mehl bestäubte) Schüssel geben, diese mit Folie und einem sauberen Küchentuch bedecken und an einem warmen Ort für 1 Std. ruhen lassen. Nach einer Stunde ist der Teig um ca. das Doppelte aufgegangen. (Man kann den Teig nach der Stunde Ruhezeit auch einfrieren und am nächsten Tag das Brot fertigstellen. Dafür muss er dann ca. 30 Min. auftauen).

Zubereitung der Füllung:

Während der Teig aufgeht, Zucker, Zimt und Muskatnuss miteinander vermischen und zur Seite stellen. Die Butter schmelzen lassen, bis sie braun wird (ist kein Muss – einfach geschmolzene Butter passt auch). Die Butter abkühlen lassen.

Eine rechteckige Backform einfetten und zur Seite stellen. Nach der Ruhezeit den aufgegangenen Teig mit 2 TL Mehl bestreuen und kneten. Danach den Teig noch einmal für 5 Min ruhen lassen.

Auf einer mit Mehl bestäubten Arbeitsfläche den Teig mit einem Nudelholz ca. 30 cm x 50 cm groß ausrollen. (Ich rolle den Teig nicht nach exakt den Maßen aus, sondern versuche ihn so dünn wie möglich und möglichst rechteckig auszurollen, ohne mich oder den Teig zu arg zu strapazieren). Mit einem Pinsel die flüssige Butter auf dem Teig verteilen und anschließend die Zimt-Zucker-Mischung drüber streuen. Es wird nach zu viel Zucker aussehen – aber das ist richtig so.

Den Teig in 6 Streifen schneiden und diese aufeinander stapeln, anschließend die gestapelten Streifen in 6 Stücke schneiden. Die Stücke in die Form stellen, das Brot sieht von oben nun aus wie ein Buch mit sehr dicken Seiten. Den Teig mit einem sauberen Geschirrtuch bedecken und 30 bis 45 Min. an einem warmen Ort aufgehen lassen. Der Teig wird wieder um ca. das Doppelte aufgehen.

Den Laib Zimtbrot auf die mittlere Schiene des Ofens stellen und bei 180 Grad für 30 bis 35 Minuten backen, bis das Brot oben tief goldbraun geworden ist. Falls das Brot außen nur leicht gebräunt ist, ist es im Inneren wahrscheinlich noch roh, dann lieber noch etwas warten. Das Brot aus dem Ofen holen und auskühlen lassen, mit einem Messer aus der Form lösen und auf einem Brett, Teller (oder Schiefertafel!) platzieren. Das Brot schmeckt am besten frisch, aber es hält gut eingepackt bis zu 2 Tage.

Zwischen zwanzig und vierzig wollte ich **EINEN OSCAR GEWINNEN**. Seit meinem 40er und nach ein paar ziemlich heftigen Panikattacken (siehe Kapitel 4) habe ich andere Ziele. Und: Es ist viel besser. Lassen wir hinter uns, was nicht zu uns passt und pfeifen wir auf die Effizienz! Also ich finde ja immer noch, dass ein Oscar zu mir passen würde. Aber wenn es nicht klappt, sollte es sich auch für ein gelungenes Leben ausgegangen sein. Alle deutschsprachigen Schauspieler denken seit ein paar Jahren in diesem Moment natürlich sofort: Naja, Christoph Waltz hat mit 56 Jahren seine Weltkarriere gestartet. Stimmt schon. Aber ganz viele haben mit 56 eben keine Weltkarriere gestartet. Und es bringt auch nichts, ganz fest daran zu glauben.

Womit wir schon mitten drinnen sind, im Thema dieses Kapitels. Esoterik! Dazu ein kurzer Dialog zwischen Gunkl und mir:

> **MANUEL**
> Gunkl, was bist du eigentlich vom Sternzeichen?
>
> **GUNKL**
> Ich bin ausgetreten.

Die gesamte Esoterik fußt ja auf der Idee, dass wir nur in unserem Kopf etwas ändern müssen, und dann wird alles gut. Ich glaube nicht, dass das geht. Unser Gehirn und der Gedankenfluss sind viel zu komplex, um diese Kontrolle zu erlangen. Nehmen wir zum Beispiel das positive Denken. Der Machbarkeitswahn um das positive Denken geht von zwei Grundannahmen aus. Erstens, dass man das Unterbewusste bewusst programmieren kann, indem man nur frohe Gedanken zulässt. Das ist geradezu unfassbar naiv und eine Überschätzung der Rationalität. Die zweite, noch fragwürdigere Annahme besteht darin, dass unsere bewussten und unbewussten Wünsche die Kraft haben, unsere äußere Umwelt zu verändern. Gilt das dann auch für Naturkatastrophen, Kriege, Krankheiten, Konzentrationslager oder (gerade aktuell) Corona? Haben da ein paar Menschen einfach nur schlechte Gedanken gedacht? Genauso der Irrglaube, dass die Sternenkonstellationen sich auf unser Wesen auswirken könnten. Überschätzen wir uns nicht so maßlos. Glauben Sie mir bitte, Sie haben nichts falsch gemacht, wenn Sie sich seit zwanzig Minuten ganz stark einen Parkplatz visualisieren und trotzdem keinen finden. Wie man in den Wald hineinruft, so schallt es zurück. Ok. Das funktioniert aber wirklich nur im Wald. Aber warum sollte die Tatsache, dass ich einer älteren Frau über die Straße helfe, dazu führen, dass ich ein Preisausschreiben gewinne? Wir leben glücklicherweise nicht in einem sinnvoll geordneten Universum, in dem auch jeder bekommt, was er verdient.

TOM HODGKINSON
Die Erkenntnis, dass nichts eine Bedeutung hat, ist ungeheuer befreiend, denn dadurch wird uns ermöglicht, unser eigenes Leben aufzubauen, und die Pläne, die andere für uns haben, zu ignorieren.

Meine Großmutter war sehr katholisch. Als ich anlässlich ihres Begräbnisses nach langer Zeit wieder einmal in der Kirche war, verstand ich, was den Reiz dieser Religion ausmacht. Sie nimmt uns Verantwortung zum Selberdenken ab. Die Kirche verspricht, wenn wir noch recht fromm sind und auch den Kirchenbeitrag zahlen, kümmert sie sich um den Rest, also um dieses Leben nach dem Tod. Das ist tröstlich. Und je älter man wird, desto größer wird das Thema, weil es eben näherrückt. Als Kind war ich einmal mit meiner Großmutter alleine in einem Raum und plötzlich fragt sie mich:

GROSSMUTTER
Was denkst du über Gott?

MANUEL
Wer ist das?

GROSSMUTTER
Ach, da haben deine Eltern wieder versagt. Gott ist alles. Er ist das Licht.

MANUEL
Und wo ist er?

GROSSMUTTER
Er ist überall.

MANUEL
Ich kann ihn aber nirgendwo entdecken.

Sie zeigt auf den hölzernen Jesus, der über dem Fernseher hängt.

GROSSMUTTER
Da schau.

MANUEL
Das ist Gott. Der Arme.

GROSSMUTTER
Nein, das ist Jesus. Sein Sohn.

MANUEL
Der Sohn vom Toni Polster heißt auch Jesus. Warum hängt er da?

GROSSMUTTER
Er ist gestorben für uns. Für unsere Sünden. Für deine Sünden.

MANUEL
Wann war das?

GROSSMUTTER
Vor zweitausend Jahren.

MANUEL
Aber ich bin doch erst fünf.

Ich durfte Gert Voss noch kennenlernen, weil ich in einer Serie seinen Sohn hätte spielen sollen. Er verstarb allerdings nach dem ersten Drehtag. In einem späten Interview sagt er:

GERT VOSS
Je älter ich werde, desto schwieriger ist es, nicht an Gott zu glauben.

Jetzt kommt ein Geständnis. Ich leide seit meiner Pubertät unter Schlafstörungen. Und glauben Sie mir: Es gibt Geileres. Ich weiß es recht bald, nachdem ich mich hingelegt habe, ob das in dieser Nacht etwas wird mit uns beiden. Dem Schlaf und mir. Oder eben nicht. Jahrelang habe ich es nicht wahrhaben wollen, dagegen angekämpft und wurde wütend und manisch. Die Gedanken fahren Karussell und werden mit jeder schlaflosen Stunde verzweifelter. Mittlerweile habe ich mich auch hier durch das Angebot der Schulmedizin getestet und kann berichten, dass Baldrian oder ähnliche pflanzliche Substanzen meistens sehr lieb verpackt sind, helfen tun sie allerdings nicht. Auch in diesem Punkt hat mir Dr. Mendelssohn aus Kapitel 11 weitergeholfen. Es gibt Schlafmittel, die gefühlt das Bewusstsein niederbügeln. Man schläft 14 Stunden durch und ist den restlichen Tag benommen. Das nehme ich nur, wenn ich wirklich lange nicht schlafen konnte. Es gibt aber auch Medikamente, die man nehmen kann, wenn man merkt, dass nichts geht und man aber am nächsten Tag früh raus muss. Diese habe ich immer bei mir. Man schläft dann zumindest für vier bis fünf Stunden. Ich habe das große Glück, sehr oft frei über meine Zeit verfügen zu können. Außer wenn ich drehe, da muss ich meistens sehr früh raus. Das führt zu der Situation, dass ich mich oft tagsüber hinlegen kann, um Schlaf aufzuholen. Unsere große Tochter hat das schon sehr früh beobachtet. Auf die Frage im Kindergarten, was die Eltern beruflich machen, sagte sie:

RONJA
Der Papa schläft.

Ich versuche, die Diva Schlaf als Geschenk zu sehen und dankbar zu sein, wenn sie sich mit mir abgibt. Meine Tür soll immer für dich offen stehen, lieber Schlaf. In Japan lassen sich schon immer mehr Frauen die Augenringe mit Hyaluronsäure wegspritzen, weil Müdigkeit als eine Schwäche gilt. Mein Freund Thomas Stipsits ist immer müde. Und er ist sehr erfolgreich. Leider kennen ihn die Japanerinnen nicht. Als ich wieder einmal längere Zeit nicht schlafen konnte, suchte ich bei einer Heilerin Rat. Sie wollte von mir lediglich Name, Geburtsdatum und die Adresse haben und dreihundert Euro, und dann schickte sie mir diese Zeilen:

HEILERIN
In deinem Landhaus gab es 5 verstorbene Seelen, die aber nichts Böses wollten. Nur Liebe und Schutz gesucht haben. Das Haus hat einen hohen Vitalwert und ist ein stabiler, kraftvoller Platz. In der Wiener Wohnung war die Energie in der Wohnung sehr sehr niedrig. Unter 10 Prozent. Nach dem Clearing ist der Wert auf Maximum. 18 000. Dinge wie komplexe Minderwertigkeit, Selbstwertdefizite und Schuldgefühle wurden aufgelöst. Da war ein Bann aus früheren Leben drauf. Es hausten hier 2 positive und 26 negative Seelen. Sie wurden in Harmonie gebracht. Dies waren Plagegeister, die auch die Schlafstörungen ausgelöst haben. Müssten jetzt weg sein. Dieses Gedankenkreisen und Nicht-zur-Ruhe-Kommen. Der Engel für Mut und Ziel, Richtung und Beharrlichkeit wurde aufgerufen. Der Spray des Erzengels Michael soll so angewendet werden:

Erzengel Michael schütze mich seelisch, körperlich und
geistig. Dreimal rufen. Bitte gib' mir Schutz! (Bedanken nicht
vergessen). Es waren traumatische Kindheitserlebnisse
und festgesetzte Gedankenformen. Psychische Erregung
in der Aura führte zu Phantasiekreationen. Verstorbene
mit damals realen Problemen hingen in der Aura fest, und
du übernahmst die Probleme der Verstorbenen. Der 6.
Nackenwirbel ist verschoben. Und es ist toll, was da jetzt
mit gereinigtem Potential möglich sein wird.

Wir werden uns noch wundern, was alles möglich ist. Kurz vor Beginn der Corona-Pandemie war ich mit der Schriftstellerin und Freidenkerin Lotte Ingrisch zu Gast in einer ORF-Talkshow. Wir waren grundsätzlich anderer Meinung, einander aber sehr gewogen. Sie gab mir ihr Theaterstück *Kybernetische Hochzeit* mit. Ich solle es lesen und vielleicht aufführen. Sie habe darin schon 1963 alles vorausgesagt, was danach eingetreten sei. Wir verabreden uns ein paar Tage später zum Kaffee. Frau Ingrisch entpuppt sich als heitere, blitzgescheite, sehr lustige Dame mit Gedanken, die – sagen wir – über die Logik weit hinausgehen.

LOTTE INGRISCH

Ich schlief mit meiner Taube jede Nacht. Alles was ich
1963 geschrieben habe, ist passiert bis heute. Ein Chinese
hat sogar eine Roboterfrau geheiratet. Ich habe das alles
vorausgesagt. Ich will jetzt nichts mehr voraussagen,
ich will jetzt nur noch abmarschieren. Ich kämpfe seit
60 Jahren für ein Sterberecht. Das kann sich ja auch
wirtschaftlich nicht ausgehen, wenn wir die alle an den
Schläuchen hängen lassen.

Ihr Handy läutet. Eine Tierärztin ist dran. Sie erzählt Frau Ingrisch eine Geschichte.

LOTTE INGRISCH

Eine übersinnliche Tierärztin war das. Die will mir von einigen ihrer Erfahrungen berichten. Bei mir melden sich ja
die verschiedensten Leute. Es sitzen ja auch so viele Tote
umadum. Die sitzen dann am Sofa oder so. Ein Freund von
mir, Physiker Walter F., wie der gestorben ist und wir beim

Begräbnis waren und dann in der Nacht habe ich an ihn gedacht und ihn gefragt: Walter, wie geht es dir denn? Er hat gesagt, wie soll es mir gehen, ich liege im Spital. Ich habe gesagt, du liegst nicht im Spital, du bist gestorben. Die Leute wissen oft nicht, dass sie gestorben sind, weil sich gar nicht so viel verändert. Danach habe ich noch weitergefragt, und irgendwann hat er mir erzählt, dass er jetzt mit dem Schrödinger weiterforscht und sie sind draufgekommen, es gibt auch dunkle Photonen. Ich habe sofort den Helmut Rauch angerufen, der ein Experte auf diesem Gebiet ist, und der hat gesagt: »Damit kann ich nichts anfangen, es gibt keine dunklen Photonen.« Ein halbes Jahr später lese ich in der *Presse*, dass dunkle Photonen entdeckt wurden, das hat mir der tote Walter schon gesagt gehabt.

Wieder läutet ihr Telefon.

LOTTE INGRISCH
Du, ich bin gerade in sehr lieber Gesellschaft, ich rufe dich zurück.

Sie legt auf und sagt:

LOTTE INGRISCH
Schön war's, ich muss jetzt weiter. Bleiben wir doch in Kontakt. Also so lange ich lebe, kömma ja mailen, und danach komm' ich spuken.

Da freu ich mich drauf.

Wie auch immer. Ich schicke einen unzynischen, liebevollen Gedanken hinaus an alle, die am Suchen sind und ende mit einem Zitat eines Künstlers, der umstritten ist wie die Esoterik. André Heller. Ich kenne nur Menschen, die ihn entweder hassen oder lieben. Niemandem ist er egal. Ich war einmal bei einem Abendessen, und als das Gespräch irgendwann auf Heller kam, waren seit vielen Jahren befreundete, erwachsene, wahlberechtigte Menschen innerhalb kürzester Zeit bereit, sich gegenseitig die Köpfe einzuschlagen, weil sie sich so uneinig waren. Zum Glück kam es nicht so weit, man ging aber grußlos auseinander. Heller selbst würde dazu wahrscheinlich sagen:

ANDRÉ HELLER

Eine Meinung haben und auf den Strich zu gehen
sind eben unterschiedliche Dinge.

Ich empfehle auf jeden Fall, Heller zu lesen. Er versteht es wundervoll, mit Sprache zu jonglieren.

ANDRÉ HELLER

Im tiefsten Keller sitzen die Ratzen und je tiefer man in
sich gräbt, je älter man wird, desto mehr muss man lernen,
mit ihnen Walzer zu tanzen.

Das wäre die irdische Version des Älterwerdens.

Um den Bogen zum Anfang des Kapitels zu schließen. Mein Vater hat ja diverse Dinge, die ich als Kind so von mir gab, aufgeschrieben. Offensichtlich hörte ich gerne André-Heller-Schallplatten und sagte dann zu ihm:

MANUEL

Papa, leg' mir den Heller auf die Platte.

14

FLIEGEN-FISCHEN IST KEINE LÖSUNG, ABER EIN ANFANG

–

Leidenschaft – Flow – Ohnmacht

Am Wochenende, an dem die Corona-Ausgangsbeschränkungen enden, trifft mich ein Bild. Ich sehe eine lange Schlange wartender Menschen. Sie stehen in Reih und Glied, tragen Mund- und Nasenschutz, einige schauen in die Kamera, andere blicken zu Boden. Ordner stehen daneben und weisen den Wartenden den Weg. Diese Schlange hat kein Ende.

Das Bild könnte vor einem der Elektrohändler oder Möbelhäuser gemacht worden sein, die an diesem Wochenende wieder aufsperren durften. Oder vor einem x-beliebigen Baumarkt, die im Frühjahr von vielen aufgesucht wurden, und wo es jetzt eben diese Schutzvorkehrungen gibt, wodurch lange Warteschlangen entstehen.

Ist es aber nicht. Die Aufnahme stammt von einem Township in der südafrikanischen Stadt Centurion in der Nähe von Pretoria. Zu sehen sind Frauen – bis auf die Ordner sind fast ausschließlich Frauen auf dem Bild –, die sich um die Ausgabe von Nahrungsmitteln anstellen. Weil aufgrund des Lockdowns nahezu sämtliche Einkommen aus informeller Arbeit wegfallen, drohte eine Hungersnot. Auf dem Bild stechen mir zwei Objekte ins Auge: ein blauer Schirm, den einer der Ordner hält, sowie ein grüner Plastikschemel, den eine Wartende dabei hat. Er schützt sich vor der Sonne, sie sich vor dem Umfallen.

BILDER EINER PANDEMIE

- x Leergeräumte Regale in der Nudel- und Klopapierabteilung im Supermarkt
- x Leere Autobahnen
- x Bücherwände während Telefonkonferenzen
- x Jeden Montag der versaute Parkplatz beim Eingang zu den Steinhofgründen
- x Schlange vor dem Hornbach und zwei, die sich beinahe um einen Parkplatz prügeln
- x Menschenmassen am Donaukanal

Mein Freund M. hat an diesem Wochenende die Angel ins Wasser geworfen. Zum ersten Mal in diesem Jahr ist er zum Fluss gegangen. So macht er das schon seit Jahren. Am 1., 2., allerspätestens aber am 3. Mai packt er seine Sachen zusammen und fährt nach Wieselburg an die Erlauf. Für Tageskartenbesitzer in Niederösterreich beginnt im Mai die Fischsaison. Heuer hat der M. Glück, der Wasserstand ist ok. Sehr oft kommen um diese Zeit noch Schmelzreste von den Bergen, dann ist das Wasser milchig, und die Fische beißen nicht, oder es hat zu viel geregnet, dann wälzt sich eine braune Brühe im Bachbett von Mühling nach Petzenkirchen, dem Revier, wo der M. fischt. Dieses Jahr gab es wenig Schnee, also kommt kaum etwas vom Ötscher und vom Hochkar herunter. Dass es zusätzlich in den letzten Wochen kaum geregnet hat, wird im Sommer noch ein Problem werden. Jetzt aber ist die Durchflusshöhe genau richtig.

Der M. hat alles dabei, was er braucht. Er hat seine Fliegenrute, den Kescher, die Umhängetasche mit allen Utensilien, er hat seine polarisierende Brille, das superscharfe Messer, den Totschläger. Ein paar neue Fliegen und Nymphen vom Fliegenfischhändler seines Vertrauens zum Ausprobieren hat er auch dabei, er zieht sich die warmen Schaffellsocken an, schlüpft in die Wathose, steigt in die Watstiefel. Der M. ist da, wo er sein soll, da, wo er jetzt sein will.

»Jö!«, rufen Sie jetzt. »Fliegenfischen! So schön! Da war doch dieser Film, wie heißt der noch schnell?« Der Film heißt *Aus der Mitte entspringt ein Fluss*, und er ist wirklich sehr schön, das sagt auch der M. Und er weiß auch, was Sie als Nächstes sagen. Wann immer er mit Nicht-Fliegenfischern über das Fliegenfischen redet, kommt das: »Aber wie bringst du's fertig, sie zu töten?« Der M. sagt dann meistens gar nichts, sondern grinst.

Es ist nicht so, dass dem M. das Töten egal wäre, aber es gehört nun einmal dazu. In Österreich werden die Fische entnommen, es sei denn, man befindet sich in Abschnitten mit »catch & release«, das heißt: fangen und wieder zurücksetzen. Der M. macht auch das, wenn er muss, aber lieber ist ihm, wenn er die Fische mit heimnehmen kann.

»In Kanada sehe ich das ein«, sagt der M. »Da gehst du fischen und triffst tagelang keine Menschenseele. Aber hier? Wo jeder Fisch in seinem Leben in Gefahr ist, gleich drei-, vier- oder fünfmal gefangen zu werden? Was soll das für einen Sinn haben?« Also schlägt der M. zu. Ein präzise platzierter Schlag auf den Fischkopf. Mehr ist es nicht.

Den ganzen Tag steht er am Wasser, von der Früh weg bis in den Abend hinein, manchmal sogar, bis es ganz finster ist. »Der Abendsprung ist der beste«, sagt der M. Dann schlüpfen die Fliegen und sorgen im Licht der Vordämmerung für ein Geschwirr, bei dem die Fische ganz wucki werden und nach allem schnappen, was ihnen vor die Nase kommt. Der M. liebt das.

Der M. liebt sowieso alles am Fliegenfischen. Wenn er bis zum Bauch im Wasser steht, es um ihn herum rauscht, und er in seinem Schachterl mit den Fliegen jene heraussucht, die ihm – und da ist er jedes Mal völlig sicher – garantiert den nächsten Fang bringen wird, jauchzt es in ihm. Wenn sich die Schnur aufs Wasser legt, hält der M. vor Aufregung die Luft an. Und wenn er dann plötzlich, schockartig unerwartet einen harten Zug spürt, und weiß, dass er jetzt einen Fisch dran hat, zittert er vor Aufregung, ja, vielleicht sogar vor Erregung, die sich wenige Sekunden später legt, weil er weiß, dass er jetzt einen klaren Kopf behalten muss, sonst bringt er das Tier nie an Land. Weil der Fisch kämpft um sein Leben, jeder übrigens auf eine andere Weise. Regenbogenforellen springen meterhoch in die Luft, um sich zu befreien, Äschen ziehen blitzschnell in die Tiefe. Das ist der grausame Teil, der M. ist sich dessen bewusst. Wenn er den Kescher zieht, ist er trotzdem blöd vor Glück und Dankbarkeit.

Es gibt für mich keinen, der mehr im Moment lebt als der M. Und irgendwie wirkt er glücklich damit. Ich glaube, wenn jemand in einer Sache so aufgeht wie der M., dann kann ihn das auffangen, egal, wo er gerade ist oder wie schwierig es sich anfühlt, weil er weiß, wie das geht, wenn man sich selbst vergisst.

Der Neurobiologe Marcus Täuber und die Autorin Pamela Obermaier bestätigen mich, indem sie »Trigger« für diesen Zustand des im Momentseins benennen, zum Beispiel: intensiver Fokus, klar definierte Ziele, direktes Feedback, Verhältnis von Herausforderung und Fähigkeit. Treffen diese Voraussetzungen aufeinander, dann stehen die Chancen gut, um in den sogenannten »Flow« zu kommen.

MARCUS TÄUBER, PAMELA OBERMAIER
Flow = (Tun minus Anspannung) x Fokus.

In diesem Zustand kann man Höchstleistungen erzielen und sich ebenso maximal entspannen, ohne Kampf und Krampf zu erleben, sondern ganz im Gegenteil Lebendigkeit und Klarheit.

MARCUS TÄUBER, PAMELA OBERMAIER

Wir vertiefen uns in eine Tätigkeit, die wie von allein abzulaufen scheint, verschmelzen mit ihr in einer Art Schaffensrausch, gehen vollständig in unserem aktuellen Tun auf, fühlen uns dabei entspannt, glücklich, zufrieden und alles läuft wie am Schnürchen. In diesem optionalen Bewusstseinszustand erleben wir Momente, in denen unser Selbst in den Hintergrund tritt, die Zeit buchstäblich wie im Flug vergeht und unsere Leistung ihren Höchststand erreicht.

Dass es sich hierbei um keine esoterischen Hirngespinste handelt, belegen neue Forschungen aus der Neurochemie, wonach Endorphine, Dopamin, Noradrenalin, Serotonin und Anandamit am Flow-Zustand unmittelbar beteiligt sind.

MARCUS TÄUBER, PAMELA OBERMAIER

Wir haben es mit einer Explosion der fünf potentesten Neuro-Enhancer zu tun, die unser Gehirn produzieren kann! Es setzt sich förmlich selbst unter Drogen, um diesen Rausch zu erzeugen und die entspannte Höchstleistung zu erzielen.

Wie für sehr vieles im Leben braucht es aber auch dafür Übung. So ein Flow, der kommt nicht von selbst, den muss man trainieren, wie einen Muskel. Fitnesscenter braucht es aber trotzdem keines, es reichen ein paar Bilder und Tätigkeiten, die man in stillen Minuten visualisiert und an die man sich zum richtigen Zeitpunkt erinnert. Sagen Sie sich Sätze wie:

SIE

Ich bin jetzt voll bei der Sache und tue, was für mich im Moment am allerbesten ist.

Beim Fliegenfischen ist man ohne Üben sowieso aufgeschmissen, das weiß der M. Die Technik ist einem nicht gegeben, die muss man erst lernen. Überkopfwurf, Rollwurf, Switchcast und den Doppelzug, den der M. am liebsten mag, weil dann die Schnur zwanzig Meter weit durch die Luft zischt. Man muss wissen, wann und wo welcher Fisch steht, Kenntnisse aus dem Reich der Entomologie helfen, und wenn man erst anfängt, selber die künstlichen Fliegen zu binden, hört der Spaß sowieso nie auf. Für den M. ist dies jedoch eine Sache frühestens für die Pension, wenn überhaupt.

TÄUBER, OBERMAIER

Denken Sie immer daran: Der Flow ist ein Zustand von absoluter Präsenz. Um ihm näher zu kommen, müssen Sie mit Ihrer Aufmerksamkeit voll im Hier und Jetzt sein, und um ihn zu erleben, müssen sämtliche Störelemente beseitigt werden.

Wer eine Leidenschaft verfolgt, hat es zweifellos leichter. Üben Sie Leidenschaft, üben Sie Glück – täglich!

Es gibt Tage, an denen fängt der M. nichts. »Sehr schwierig, weil es irgendwann sehr fad wird.« Dann steht er am Wasser, schmeißt die Schnur, einmal, zweimal, dreimal, und wenn sich wieder nichts tut, tauscht er die Fliege, so lange, bis er alle durch ist, und es ihm nur noch am Wecker geht, weil eben nichts geht. »Irgendwann nehme ich es sogar persönlich«, sagt der M. »Klingt vertrottelt, aber es ist so.« Er will dann doch wieder lieber auf die Berge gehen oder Schlauchbootfahren, weil schade um die Zeit und ums Geld. So eine Tageskarte kostet ja auch nicht nichts, Flow hin oder her. Dann geht er einmal auf den Berg, und einmal fährt er mit dem Schlauchboot zum Ottensteiner See, und beim nächsten Mal steht er wieder da und schmeißt die Schnur ins Wasser.

Glücksgarantie gibt es nirgendwo, seien Sie freundlich mit sich und anderen. »Fliegenfischer sind generell höflich«, erzählt der M. Begegnet man einander am Bach, gehört es zum guten Ton, sich heiter zu begrüßen und wohlwollend das Befinden des anderen zu erkunden: »Hallo! Und? Beißen sie?« – »Danke, ja, ich kann mich nicht beschweren. Und wie gehts dir?« – »Ja, bei der Hammerwehr war's super heute Morgen.« – »Ok, dann schau ich dort hin. Danke!« Man wünscht einander »Petri Heil!«. Und geht weiter. Nie, nie, nie würde man dem anderen den Weg abschneiden, sich an eine Stelle platzieren, die der zweite noch vor sich hat. »Freiraum wird respektiert«, sagt der M. »Fliegenfischer mögen die Stille, die Ruhe, den Frieden, die Harmonie.« Das schließt auch mit ein, dass man bei der Angabe von Bissen und Fängen für gewöhnlich schwindelt, es und damit sich selbst besser macht, als es und er (natürlich auch sie, aber weitaus weniger oft) ist. »Wenn dir jemand sagt, er habe in der letzten Stunde ungefähr zehn Fische gefangen, kannst du die Null wegnehmen«, klärt mich der M. auf. Die Freude am Gelingen lässt eben keinen Misserfolg zu, also redet man sich's schön.

Am Abend sitzen der M. und ich zusammen. Drei Forellen hat er gefangen, zwei kleine Bach- und eine Regenbogen-, zwei haben wir gegrillt und gegessen. Ich erzähle ihm von dem blauen Schirm und dem grünen Schemel.

»Schrecklich«, sagt der M. »Was kann man tun?«
»Weiß nicht«, sage ich, »Bücher schreiben?«
»Haha, liab!«
»Und du? Was machst du?«
»Weiß nicht. Mich am Samstag nicht beim Ikea anstellen,
sondern Fliegenfischen gehen?«
»Liab.«
»Trottel.«
»Vollkoffer.«
»Du auch.«

15

DRESS UP AND PLAY

–

**Warum Scheitern und Gelingen
dasselbe sein können**

Didier Yves Drogba Tébily ist ein ivorischer Spitzenfußballer im Ruhestand. Er ist Rekordtorschütze der ivorischen Nationalmannschaft und wurde zweimal zu Afrikas Fußballer des Jahres gewählt. Die längste Zeit seiner Karriere war Drogba für den FC Chelsea aktiv und ist eng mit dem Londoner Verein verbunden. Für die Blues absolvierte Drogba 254 Spiele in der Premier League, dabei erzielte er 104 Tore und 63 Torvorlagen. Viermal gewann Drogba mit Chelsea die englische Meisterschaft. 2012 entschied er das Finale der UEFA Champions League, Chelseas größten Erfolg überhaupt, mit dem Ausgleich und dem finalen Strafstoß im anschließenden Elfmeterschießen. Drogba war trotz seiner Größe und Robustheit ein unglaublich filigraner Techniker. Er galt in England allerdings ein wenig als Diva, weil er sich oft sehr theatralisch fallen ließ. Es gibt die schöne Geschichte, dass sich Drogbas Kinder, wenn der Papa nach Hause kommt, als Allererstes zu Boden werfen und so tun, als seien sie schwer verletzt. Ich liebe Fußball. Und wenn sich Sport mit Humor paart, bin ich glücklich. Und wenn sich Sport dann auch noch mit Eleganz paart, überhaupt. Sigi Bergmann der pensionierte Box-Reporter des ORF, sagte auf die Frage, was ihm zu dem Boxer Muhammad Ali einfalle:

SIGI BERGMANN

Das ist so ein komplexes Thema! Eigentlich denke ich an Kunst, an Tanz. Baryschnikow, Nurejew. Sie müssen sich vorstellen: Hundert Kilo so elegant zu bewegen, das ist ungeheuer. Und dann dieses eingebaute Fadenkreuz: Der hat gegen Leute, die mit einem Schlag ein Pferd umhauen würden, die Hände runterhängen lassen und den Schlag so getimt, dass er ihn um ein paar Zentimeter verfehlt hat.

Dann bin ich im Paradies.

Es gibt kaum etwas, das mich mehr beruhigt, als Sport zu schauen. Auch in diesem Punkt stellt die Corona-Krise für mich einen großen Einschnitt dar. Ich vermisse das abendliche Sportschauen körperlich. Natürlich kann man jetzt diverse epochale Endspiele nachsehen, aber das ist nicht dasselbe als zu wissen: Das passiert jetzt gerade. Das ist live.

Es ist mein Anker. Wenn ich nach einer Vorstellung nicht schlafen kann, schaue ich ein NBA-Basketballspiel an. Durch die Zeitverschiebung ist das ideal, weil die Spiele meist so gegen zwei Uhr früh mitteleuropäischer Zeit beginnen. Der Sport gibt mir Ruhe und Zuversicht. Es gibt klare Regeln, gut und böse, und ich muss mich nicht mit dem Durchschnitt abgeben, sondern darf der Elite zusehen. Den Allerbesten, destilliert aus jenen Millionen, die diesen Sport genauso lieben, die aber eben nicht mit so viel Talent und Wille zu Disziplin und Enthaltsamkeit ausgestattet sind.

DAVID FOSTER WALLACE

Angesichts der Position von Agassi und der Schnelligkeit und der Weltklasse musste Federer den Ball in ein zwei Zoll langes Raumrohr schicken, um ihn zu überholen, was er tat, indem er sich rückwärts bewegte, ohne Aufbauzeit und ohne sein Gewicht hinter dem Schlag. Das war unmöglich. Es war wie etwas aus »The Matrix«. Ich weiß nicht, was für Geräusche im Spiel waren, aber meine Ehefrau sagt, sie sei hereingeeilt und es lag überall Popcorn auf der Couch, und ich kniete auf meinen Knien und meine Augäpfel sahen aus wie die eines Scherzartikelladens …

DAVID FOSTER WALLACE

Schönheit ist nicht das Ziel des Wettkampfsports, aber der Spitzensport ist ein erstklassiger Ort, an dem die menschliche Schönheit zum Ausdruck kommt. Die menschliche Schönheit, über die wir hier sprechen, ist eine Schönheit einer bestimmten Art; man könnte sie kinetische Schönheit nennen. Ihre Kraft und ihr Reiz sind universell. Sie hat nichts mit Sex oder kulturellen Normen zu tun. Was sie zu haben scheint, ist in Wirklichkeit die Versöhnung des Menschen mit der Tatsache, einen Körper zu haben.

Ich könnte hier ewig weiter vor mich hinzitieren, aber da würden Sie mir irgendwann zurecht die Autorenschaft dieses Buches absprechen. Den ganzen Essay finden Sie auch im Netz.

Es gibt kaum etwas Schöneres als Menschen, die bei allem, was sie tun, Würde bewahren. In unserer Straße bearbeitet ein Mitarbeiter der MA 48 jeden Morgen die Gasse mit einer Anmut, als würde das Schicksal der gesamten Menschheit von seiner Fähigkeit zu fegen abhängen. Ich will ihn schon lange ansprechen, aber ich traue mich nicht. Seine

Tätigkeit und seinen Flow zu unterbrechen, würde sich ketzerisch anfühlen. Machen Sie einmal den Test, wie viele Menschen Sie kennen, die ihren Beruf mit Stolz und Freude ausführen. Natürlich wird es exponentiell schwieriger, je vermeintlich einfacher die Tätigkeit ist. Deshalb ist der Müllmann so besonders. ProfisportlerInnen üben vielleicht auch deshalb so eine Faszination auf mich aus, weil sie so fokussiert sind, sehr früh schon alles ihrer Vision untergeordnet und auf ihre Jugend verzichtet haben, wie das dann so schön heißt. Keine Partys, sondern Training. Sie haben entschieden, sich dem heiligen Fluss hinzugeben. Das klingt pathetisch und ist es auch. Die Frage, wie der heilige Flow für jede(n) von uns aussieht, muss man sich natürlich selbst stellen. Ich tue dies regelmäßig und komme immer wieder zu dem Spieltrieb zurück. Als Schauspieler wird man oft gefragt, was es eigentlich ausmacht, diesen Beruf auszuüben. Was das Geheimnis ist. Schauspieler reden sich dann gerne um Kopf und Kragen, und ganz schlimm wird es, wenn es sich um einen großen Theaterschauspieler von feuilletonistischer Wichtigkeit handelt, der dann spielen muss, dass er klüger ist, als er ist. Ich hatte das große Glück, einmal Tilda Swinton zuhören zu dürfen. Es war im Rahmen der Berlinale, und sie gab in einem schicken Hotel eine Stunde Auskunft über ihre Arbeit. Als der Moderator sie fragte: »What is the secret of acting?«, sagte sie nur:

TILDA SWINTON
Dress up and play.

Wenn ich mich verkleiden kann und das Spiel losgeht, dann kann dieser Flow entstehen, dann geht es nur um das Jetzt, weil man alle zur Verfügung stehenden Kräfte bündeln muss.

Vor einer Kamera und auf einer Bühne kann man nicht multitasken. Und Profisportler können das auch nicht, weil sie sonst sofort verlieren würden. Vielleicht ist das die große Gemeinsamkeit zwischen Sport und Spiel. Im Flow zu sein. Im Fluss zu sein. Ich mag diese Anglizismen eigentlich nicht, aber hier ist das englische Wort wohl präziser. Ich habe viel darüber nachgedacht, was für mich Schauspielkunst ausmacht und was die Gründe sein können, warum ich jemanden gut und wahrhaftig empfinde oder eben nicht. Ich habe, wie könnte es anders sein, eine unvollständige Liste angefertigt von SchauspielerInnen, mit denen ich zu tun hatte und die mich während der Arbeit verzauberten und dadurch selbst besser gemacht haben.

Was macht neben Sympathie den Zauber aus? Es sind zwei Parameter, die ich feststelle. Die KollegInnen sind allesamt sehr gut vorbereitet, und sie sind mutig.

Während der insgesamt über 600 gemeinsamen Vorstellungen mit Thomas Stipsits liebte ich die Momente am meisten, wenn er ohne Netz sich in höchste Höhen hinaufschwurbelte, ohne zu wissen, wo er ankommen wird. Wir hatten das Stück so klar gebaut und wussten im Schlaf immer, was als Nächstes kommen würde und kannten natürlich auch den Text des anderen genauso gut wie den eigenen. Um es lebendig und frisch zu halten, begannen wir ab der 50. Vorstellung, uns gegenseitig Fallen zu stellen. Stipsits und all die anderen Genannten haben das in ihr Spielsystem aufgenommen. Sich selbst Fallen zu stellen. Das ist nämlich noch komplexer und bedeutend schwieriger als jemand anderem eine solche zu stellen.

Lisa Maria Potthoff ist eigentlich zu klug für die Schauspielerei. Sie ist eine intellektuelle Sprachgewalt, die druckreif improvisieren kann. Um sich selbst die Sicherheit zu nehmen, drückt sie manchmal derart aufs Tempo, dass das ganze Team reagieren muss und alle wieder innert Sekunden komplett bei der Sache sind, weil es sie sonst aus der Bahn werfen würde.

Oder Denis Moschitto. Wir drehten eine Serie mit zum Teil unspielbaren Dialogen. Denis ignorierte das einfach und entwickelte für seine Figur Erdem, einem liebenswerten, aber schwer minderbemittelten Gefängnisinsassen mit sogenanntem Migrationshintergrund, gleich eine eigene Sprache. Er galoppierte regelmäßig darauf los, ohne zu wissen, wo er landen würde, und manchmal trug es ihn aus der Bahn, weil sich Denis nur noch wunderte, was seine »Figur« da von sich gab.

Ich sehe es den KollegInnen an ihren Augen an. Scottie Pippen, die geniale Nummer zwei hinter Michael Jordan, ohne den die Chicago Bulls niemals die sechs NBA-Meisterschaften gewonnen hätten, sagte über den größten Basketballer aller Zeiten:

SCOTTIE PIPPEN
Michael hatte diesen Blick. Er war in einer Welt,
zu der nur er Zutritt hatte.

Es ist dieser besondere Glanz, wenn man so bei sich und gleichzeitig in der Spielsituation ist, dass man beginnt, sich selbst zu überraschen. Wenn Dinge zugelassen werden, die nicht geplant waren. In der Fachsprache nennen wir das »Impuls«, aber das ist ein mittlerweile so abgenützter Begriff, dass er oft etwas anderes meint. Dinge zuzulassen, die nicht gesteuert oder überlegt sind, das macht den Zauber aus und es ist, und das ist wohl das Wesentlichste daran, uneitel. Ein eitler Schauspieler wird sich nie selbst überraschen, weil er dadurch Kontrolle aufgeben müsste. Eitelkeit ist immer kontrolliert.

NICOLAS CAGE
Wenn du ein guter Schauspieler sein willst, musst du etwas von einem Kriminellen haben. Sonst wird sich keiner je an dich erinnern.

Diverse KollegInnen missverstehen dieses kluge Zitat und glauben Arschlöcher sein zu müssen oder möglichst provokante Interviews geben zu müssen. Die wirklich guten Leute, so ist zumindest meine Utopie, verwenden diese kriminelle Energie achtsam und nur für ihr Spiel und sind im wirklichen Leben höfliche, empathische Menschen. Wie zum Beispiel Georg Friedrich. Stipsits und ich haben ihm in unserem Programm *Triest* schon versucht, ein Denkmal zu setzen. Ich durfte bei David Schalkos Zweiteiler *Aufschneider* mit ihm arbeiten. Bei der Leseprobe sagte er, während er genüsslich an einer Marlboro menthol 100 zog:

GEORG FRIEDRICH
Losst's eich ned irritieren. I hob a Leseschwäche.

Wir drehten vor einem Haus einen Take. Friedrich musste anläuten und dann über die Gegensprechanlage einen Dialog führen. Er galoppierte los. Schalko, der Regisseur, brach ab und meinte:

DAVID SCHALKO
Danke. Machen wir gleich noch einmal.

Und Friedrich erwiderte:

GEORG FRIEDRICH
Na, mochma ned. Besser wird's ned.

In der sehr empfehlenswerten Biografie *The Great Nowitzki* von Thomas Pletzinger über den deutschen Basketballstar Dirk Nowitzki ist vom »Flow als dem Rausch des Gelingens« die Rede. Es gibt nicht wenige, die Basketball mit Jazz vergleichen. Der NBA-Club in Utah ist sogar nach der Musikrichtung benannt. Oder wie Miles Davis sagte:

MILES DAVIS
When you hit a wrong note, it's the next note that makes it good or bad.

Wenn Thomas Stipsits sich auf offener Bühne verspricht oder verhaspelt, dann versucht er dies nicht zu verstecken, sondern er thematisiert das. Behauptet zum Beispiel, dass es gar kein Verhaspler war, sondern ein Tippfehler im Buch, welches er eben auf Punkt und Komma auswendig gelernt habe und erntet damit einen wahrscheinlich viel größeren Lacher als mit der geplanten Pointe. Weil er im Moment ist und die richtige Entscheidung trifft und keine Angst hat, zu scheitern.

Wäre dieses Buch ein esoterischer Ratgeber, würde ich Ihnen nun sagen, dass das auch fürs Leben allgemein gilt, aber zum Glück ist es dies ja nicht.

THOMAS PLETZINGER – *THE GREAT NOWITZKI*
Für ihn war Basketball gleichzeitig Körperarbeit und intellektuelle Übung, er spielte an gegen physische und physikalische Unwahrscheinlichkeiten, gegen Klischees und Vorurteile, er schien das Spiel auf einer höheren Ebene zu denken und zu spielen.

Und dann trifft er einen Vergleich, den ich sehr treffend finde. Jenen zwischen Spitzensportlern und Berufsmusikern.

THOMAS PLETZINGER – *THE GREAT NOWITZKI*
Sportler wie Musiker brauchen geregelte Abläufe und Rituale und sie brauchen Wartung. Blechbläser putzen ihre Instrumente, Klaviere müssen regelmäßig gestimmt werden, sie dehnen ihre Finger und stärken ihre Rücken, sie üben Konzentration, sie visualisieren Musik, sie atmen, sie gleiten durch die Stücke wie Skifahrer über die Piste ... Beide Gruppen arbeiten in streng reglementierten

Systemen und beide streben in dieser Regelhaftigkeit nach der maximal möglichen Freiheit ... Es geht darum, sein Können einfach funktionieren zu lassen, den Körper einfach machen zu lassen.

Gute SportlerInnen, MusikerInnen und auch SchauspielerInnen können loslassen, sie können die Überwachung des eigenen Körpers ausblenden. Sie müssen nicht immer einen Sicherheitsschritt voraus sein. Sie folgen der Situation, und sie agieren und reagieren, wie es diese eben erfordert. Sie spielen sich in einen Flow. In den Rausch des Gelingens.

Das kann man trainieren. Ritualisieren Sie, was Ihnen wichtig ist, und durch die Regelmäßigkeit werden Sie schneller an den Fluss gelangen.

LISTE MEINER TÄGLICHEN RITUALE

Eine Seite schreiben

70 Seiten lesen

100 Liegestütz machen

Mindestens ein neues Vokabel lernen

Kochen

Gehen oder Laufen

Die Küche aufräumen

Lassen wir Emil Zatopek zu Wort kommen, weil es ja doch irgendwie immer auch ums Laufen geht:

EMIL ZATOPEK

Wenn ein Mensch einmal trainiert, passiert nichts. Aber wenn dieser Mensch sich überwindet, ein und dieselbe Sache hundert oder tausend Mal zu tun, wird er sich nicht nur körperlich weiterentwickeln.

16

DIE DREI HYBRISSE*

—

**Der Wiener im Waldviertel und
Besuch vom Tod**

* Der Plural von Hybris ist natürlich Hybris.

Als ich Kind war, gab es kein Internet, keine Handys, dafür zu Weihnachten regelmäßig Schnee. Für jüngere LeserInnen: Schnee kommt vom Himmel, schaut weiß aus, ist eigentlich durchsichtig und sehr schön, wenn er liegen bleibt. Was ist Schnee? Ein Relikt aus den 80er-Jahren genauso wie Vierteltelefone, Kaugummiautomaten plündern, am Weltspartag vor der Bank anstehen, zehn Groschen auf die Straßenbahnschienen legen, Fotos vom Bipa holen und die unscharfen und unvorteilhaften zurückgeben, oder vor dem Radiogerät aufs Lieblingslied warten, und hoffen, dass der Moderator nicht reinlabert.

Es gab auch keine Erwachsenen, die ihre Leben komplett nach ihren Kindern ausrichteten, und Häuser waren Wohnräume für große Menschen und keine Spielzeugpaläste wie heute, Kinder wurden darin bestenfalls geduldet. Wenn die Sommerferien begannen, stellte man uns im Garten mit den Worten »Wir sehen uns in neun Wochen wieder« ab. Uns war fad. Urfad. Dann hatten wir eine Idee, und es war uns plötzlich nicht mehr fad. Dann zogen wir um die Häuser, waren Detektive und töteten kleine Tiere. Dann war uns wieder fad. Wenn ich meine Mutter um Rat fragte und sagte:

MANUEL
Mir ist fad, was soll ich machen?

MUTTER
Ziag' di' aus und pass' aufs G'wand auf.

Die Fadesse war aber eine Brutstätte für Ideen. Und im besten Fall führten diese in einen Zustand der Selbstvergessenheit. Wir spielten Fußball, bis es dunkel wurde, probten Theaterstücke oder beschlossen, eine Zeitmaschine zu bauen.

Natürlich fühlte ich mich unverstanden. So wie sich unsere Kinder jetzt auch unverstanden fühlen, wenn wir die Handyzeit begrenzen. Ich versuche ihnen etwas beizubringen, was ich selber gerade zu verstehen beginne: Glück und Erfüllung sind sehr flüchtige Freuden, aber die Sehnsucht ist so treu wie unser Hund. Woher kommt die Hybris, die uns glauben macht, dass alles besser wird, dass wir uns weiterentwickeln, dass die Welt uns etwas schuldet? Tut sie nämlich leider nicht. Mihály Csíkszentmihályi schreibt dazu im Buch *Flow*.

Das Universum wurde trotz der Mythen, die die
Menschheit entwickelte, nicht geschaffen, um unsere
Bedürfnisse zu erfüllen.

Glück ist schwer zu erreichen, weil das Universum nicht erschaffen wurde, damit die Menschen sich wohlfühlen. Es ist fast unermesslich groß, vorwiegend feindselig und kalt. Es ist ein Schauplatz ungeheurer Gewalt, wenn etwa gelegentlich ein Stern explodiert und alles im Umkreis von Milliarden Kilometern zu Asche verwandelt.

Csíkszentmihályi argumentiert, dass jede Kultur schützende Methoden wie Religionen, Philosophien und Künste für sich entwarf, die bei der Abschirmung vor dem Chaos helfen sollten.

Ich finde, das ist ein radikaler, vermeintlich furchtbarer, aber auch tröstlicher Gedanke. Er nimmt uns den Stress zu glauben, dass immer alles super sein und alles Sinn haben muss oder – wie es neuerdings heißt – aus allem ein learning generiert gehört. Nein, eben nicht.

An den großen Fragen scheitern wir. Was ist Liebe? Zitternde Hände, der Kuss in einem Porno, oder wenn der Regen plötzlich einen Geschmack hat oder ich deine Telefonnummer trotzdem auswendig lerne, obwohl ich das gar nicht mehr müsste. Weshalb sind wir hier? Müssen wir uns entwickeln, und reicht es, wie die Kinder sagen würden, »ein bisschen zu chillen und einfach abzuhängen?«

Was ist der Sinn des Ganzen?
Mein Freund Peter, der Mathematiker erklärt mir:

PETER
Das Universum ist nicht im mathematischen Sinne
zufällig. Die Bewegungen der Sterne, die Umwandlung
von Energien können vorhergesagt und ausreichend
erklärt werden. Aber die natürlichen Prozesse ziehen
menschliche Wünsche nicht in Betracht.

Bei J. H. Holmes klingt das so:

J. H. HOLMES
Das Universum ist weder feindselig noch freundlich, es ist
schlicht gleichgültig.

Auf den ersten Blick klingt das ziemlich beängstigend. Umgangssprachlich könnte man sagen: Wir sind dem Universum wurscht. Oder wie mein Jugendfreund Heiko, der aus dem Sexkapitel (10), gerne sagte:

HEIKO
Die Wöd is a Trottl.

Diese Hybris, dass wir glauben, es müsse alles ein Sinn haben und belohnt werden, diese arrogante Annahme, dass uns bestimmt Rechte vom Universum zuerkannt werden. Ich vermute, das macht unglücklich.

Religion ist, wie ich finde, auch die pure Hybris. Ein kleiner Dialog zwischen der Religion (Rosi) und der Wissenschaft (Wilma)

ROSI
Es is mir wurscht, was du sagst. Mia ham des immer so g'mocht. Mia mochen des weiter so. Spar' dir deine Argumente.

WILMA
Das ist schade, denn wenn wir uns der Wahrheit annähern wollen, brauchen wir den Austausch von Argumenten. Und das Abkommen, dass sich das schlüssigere durchsetzt.

ROSI
Des is mir viel zu g'schwollen. I brauch kane Argumente, i waaß, wos richtig is. I hob meine eigenen Fakten.

WILMA
Schade. Ich mag den Gedanken: Das gilt bis auf Widerruf.

ROSI
Des is anstrengend. Und nicht notwendig. Meine Leut' folgen mir überallhin. Unbefleckte Empfängnis. Jungfrauen, die dumme Buben belohnen werden, mei longzodata Bua, der übers Wasser gehen kann. I hobe a Mordsgaudi d'ran, immer weiter zu gehen. Die machen echt ois mit, die Menschen.

Ich finde das Recht auf Privatsphäre wichtig und schützenswert. Und genau da gehört die Religion hin: ins Private. Ich will damit nicht belästigt werden. Keine Betenden in der Öffentlichkeit, aber selbstverständlich auch alle Kreuze aus den Schulen raus!

Die dritte Hybris betrifft mich selbst. Es ist die des Zweitwohnbesitzers.

NOTIZEN EINES WIENERS AUF DEM LANDE:

Ich bin unentspannt. Da bin ich zur Inspiration hergezogen, und jetzt höre ich die ganze Zeit des Nachbars Traktor. Ich aktiviere meine Relaxing-Nature-Garden-App. Sie spielt mir augenblicklich Naturgeräusche vor. Ich verbinde sie mit meiner Bluetoothbox und drehe so laut auf, dass das Fakewaldesrauschen, die Vogelstimmen und das Zirpen der Grillen lauter ist als der Traktormäher des Nachbarn. Trotzdem bleibt ein schaler Nachgeschmack. Die Atmosphäre klingt gekünstelt. Man müsste die App adaptieren. Ich würde mir wünschen, dass die HerstellerInnen auch Geräusche einbauen, die der Wirklichkeit entsprechen und nicht geschönt sind. Ein Bauer im Hintergrund, der sich beim Baumfällen den Oberschenkel abtrennt. Oder das Kreischen von Wanderern, wenn der Dorfalkoholiker sich am Kräuterlehrpfad wieder vor allen einen runterholt. Mein Nachbar im Waldviertel hat übrigens seinen Hund erschossen, weil er geglaubt hat, es sei ein Einbrecher.

Ich besitze ein Haus im Waldviertel. Ich hatte mir angeschaut, wo gibt es noch ein Funkloch und kein Internet, da zieh ich hin. Inzwischen wohnen in der Gegend dort aber so viele Wiener und Halbpromis, dass die Gemeinde überall superschnelles Breitband-Internet verlegt hat. Es geht sogar jetzt schon so weit, dass die Gemeinde eine Petition gestartet hat, um Flüchtlinge aufzunehmen, damit die Wiener Halbpromis verschwinden. Als ich zum ersten Mal im Waldviertel war, habe ich verstanden, warum es oft heißt, diese Region hat etwas Mystisches. Dieser Nebel. Dieses Düstere. Dann hab ich erst gemerkt, das ist nicht die Natur, das ist der Rauch von den tschechischen Fabriken jenseits der Grenze. Für das Haus habe ich einen viel zu hohen Preis bezahlt. Man verfährt hier mit Wienern so wie auf einem fernöstlichen Bazar mit amerikanischen Touristen. Wenn auf dem Autokennzeichen ein W prangt, wird der Preis automatisch verzehnfacht.

Sie kennen vielleicht die Euphemismen des Immobilienmarktes. Ich habe mir da wieder eine Liste zusammengestellt:

EUPHEMISMEN DES IMMOMARKTES

1) Vollmöbliert: Der Vorgänger hat den
   Krempel nicht einmal geschenkt auf
   willhaben.at angebracht.
2) Provisionsfrei: hässlich und feucht.
3) Nie wieder Treppensteigen: Erdgeschoß
   mit direktem Einstieg für Einbrecher.
4) Bastlerhit: absolut unbrauchbar
5) Direkter Anschluss: weit und breit kein
   öffentlicher Anschluss, aber im Haus
   befindet sich eine Burschenschaft.

Das Haus ist 300 Jahre alt und sehr schön. Natürlich hatte mir der Verkäufer die Bude »bezugsfertig« übergeben, und natürlich mussten wir komplett renovieren. Als wir uns für die erste Nacht auf dem Lande das Sofa ausziehen wollten, fielen tote Ratten aus diesem heraus und die Kinder schrien: Wir wollen hier nicht bleiben! Entweder alles neu hier, oder ohne uns. (Kinder pflegen in nicht vollständigen Sätzen zu sprechen). Aber wenn man ein bisschen bekannt ist und den Wiener Aufpreis zahlt, dann ist eine Bauordnung in Niederösterreich ja mehr als Anregung zu sehen. Wir konnten also jeglichen Denkmalschutz ignorieren und ein Fertigteilhaus direkt auf die alten Mauern draufstellen. Sogleich nach Ende der Bauarbeiten, die tatsächlich nur acht Wochen länger dauerten als ausgemacht, lud ich Familie und Freunde zum Wirten im Ort ein: Auf dem Schild auf unserem Tisch stand: »Reserviert für Falco.« Kein Schmäh. Das Schöne im Waldviertel ist, du wirst nicht aufgrund deiner Hautfarbe stigmatisiert, sondern weil du Wiener bist. Sogar der Flüchtling im Dorf hat mich bis heute nicht akzeptiert. Die Handwerker vor Ort treiben natürlich auch ihr Spiel mit mir. Sie verrechnen mir absurde Preise für absurde Tätigkeiten, weil sie glauben, der ist steinreich. Für ein bisschen Rasen vertikutieren hat mir der Gärtner 3000 Euro verrechnet. Er hat dann sogar gesagt, er könnte für 5000 Euro den Rasen sogar okzikulieren. Da habe ich aber augenblicklich, sherlockmäßig erkannt: Ok, der verarscht mich. Okzikulieren gibt es nicht. Das hat er sich ausgedacht. Immerhin konnte ich ihn dann von 5000 Euro auf 2000 hinunterhandeln.

Im Garten gibt es immer etwas zu tun. Für jemanden wie mich, der nicht Heimwerken kann, ist das Internet perfekt. Es gibt Millionen von Youtube-Tutorials. Für jedes Problem, das im Haushalt auftaucht, gibt es irgendwo einen 40-jährigen Deutschen, der darüber ein YouTube-Video gemacht hat. »Dein Heizkörper tropft? Kein Problem, ich zeige dir, wie du nur mit einem Zahnstocher und einem toten Karpfen alles wieder in Ordnung bringst.«

TOCOTRONIC

Was du auch machst
Mach es nicht selbst
Auch wenn du dir
Den Weg verstellst
Was du auch machst
Sei bitte schlau
Meide die Marke Eigenbau
Heim- und Netzwerkerei
Stehlen dir deine schöne Zeit
Wer zu viel selber macht
Wird schließlich dumm
Ausgenommen Selbstbefriedigung

Liebes Tagebuch. Ich hatte einen komischen Traum. Vielleicht war es aber gar kein Traum. Bin jedenfalls sehr verunsichert. Wir leben jetzt seit wenigen Wochen hier auf dem Lande und ständig latscht jemand ins Haus rein. Das ist hier so. Das muss man akzeptieren. Zusperren gilt als arrogant bis frevelhaft. Gestern stand er plötzlich in der Küche. Ich dachte, es ist wieder ein Nachbar, der mir etwas verkaufen will oder Geld für die Freiwillige Feuerwehr sammelt. Aber es war der Tod. Ja, es klingt komisch, aber er wusste wirklich viel von mir …

DER NACHBAR

Grüß Gott, I bin da Tod. Vorbei ist deine Not. Host du wirklich glaubt, dass wir dich am Land nicht finden?

MANUEL

Ist das jetzt ein weiterer Landbrauch? Ich verstehe das Rollenspiel noch nicht ganz.

DER NACHBAR

Na, na, des is ka Rollenspiel. Des is echt. I woa eh scho a poa Moi kurz davor vorbei zu kommen, oba es is dann immer irgendwas dazwischengekommen. Des erste Mal vor 37 Joa. Mit der G'schicht geh' I immer no hausieren. Deine Eltern haben dich beim Ikea im Bällebad vergessen und du hast versucht, dich zu ertränken. Des woa a Gaude, wei du wirklich so lange die Luft anghoiten host, bist zum Hyperventilieren ang'fangen hast.

MANUEL

Sind Sie wirklich DER TOD? Das ist ja lustig, voll das Klischee: Der Tod ist ein Wiener Prolo. Das glaubt mir keiner.

DER NACHBAR

Jo genau und angstellt bei der MA 48. Oba mir spüren scho, dass der deppate Neoliberalismus greift. Jetzt hom's ma die Abteilungen z'sammg'legt, jetzt bin i für Tiere a no zuständig. A Freind vo mir is beim Zirkus. Dem hom's die Elefanten g'strichen. Des is ois a Wahnsinn!
Willst einen Witz hören?
Warum san die Woik'n ned quardratisch? Weil sich's wirtschaftlich ned rechnet.

MANUEL

Sehr lustig.

DER NACHBAR

Du host jo letztens a a Leich'n g'spüt im *Tatort*, oder?

MANUEL

Nein, das verwechseln Sie, ich hab' nie eine Leiche gespielt.

DER NACHBAR

Freilich. Den Typ da, ohne Ausdruck im Gesicht, völlig blass, völlig leblos, keine Gestik, keine Mimik, nix.

MANUEL

Naja, das war trotzdem ein Lebender.

DER NACHBAR

Wos, du woast der Mörder?

MANUEL

Nein, aber der Hauptverdächtige.

DER NACHBAR

Ahso für'n Mörder hot's ned g'reicht.

MANUEL

Mir ist eh schon alles egal. Ich will nicht mehr. Meine Familie ist nur gegen mich, die Ratte hat mich gebissen, wahrscheinlich hat sie mich angesteckt mit irgendeiner fürchterlichen, tödlichen Krankheit, und dieses Haus will auch keiner. Sie können mich gerne gleich mitnehmen.

DER NACHBAR

Nanana. Des geht ned. Des entscheid immer noch ich. Der Tod kommt immer ungelegen, und sei es nur, dass der frische Kaffee donn koid wird. Außerdem: Kinder in die Welt setzen und se donn schleich'n, des geht goa ned. Entweder oder. Wonn die zwei volljährig sind, komm i gern, aber vorher: Don't even think about it. Du, I muass jetzt wirklich weiter.

MANUEL

Geh' bleiben's noch ein bisschen. Wollen Sie was trinken?

DER NACHBAR

Na gut, ein kleines Bier. Aber eigentlich trinke ich gerade weniger.

MANUEL

Sie sind der Tod, warum trinken Sie weniger?

DER NACHBAR

Was is des für a depperte Frage? Glaubst ich will no amoi sterben? Außerdem will ich ja auch, dass die Leit länger leben, weu dann hob' I weniger Hack'n. I hob scho a Sehnenscheidenenzündung, weil die Leit' immer blader werden. Des daz'ast irgendwann nicht mehr.

Plötzlich lautes Hupen vor dem Tore.

DER NACHBAR

Des mit dem Bier holen wir nach. Die Kollegen san scho' unrund.

MANUEL

Welche Kollegen? Gibt es mehrere Tode?

DER NACHBAR

Natürlich. Des wäre ja komplett unlogisch. 19 Millionen MitarbeiterInnen weltweit, Tausende Filialen, und die gehören wiederum zu einer internationalen Holding. Allein in Wien arbeiten 65.000 Tode als Beamte.

MANUEL

Stimmt das eigentlich, dass das Leben der Sterbenden noch wie ein Film vorbeiläuft?

DER NACHBAR

Freilich, nur moch' dir do ned zu viel Hoffnung. Das wäre in deinem Fall ein fader österreichischer Film mit Überlänge und dramaturgischen Schwächen. Außerdem, depressiv bin ich selber. I muaß jo a noch den letzten Wunsch immer erfüllen, und die meisten wünschen sich dann ihr Lieblingslied. Das sing' I denen dann vor. I fürcht' mi nur jetzt scho vor der Zeit, wenn die ganzen Gabalierfans abkratzen. Schwierig is bei Gruppentoden. Zuletzt hob' I drei besoffene Steirer g'hobt, die sich bei der Anfahrt zum GTI-Treffen um den Baum gewickelt haben. Hob' I a schnelles Medley g'sungen: – *Hulapalu* – *Großvota* – *Feel like Dancing*. Des woa wos. Oba bei uns is eh no besser. In Amerika sterben jedes Jahr 7000 Menschen aufgrund der unleserlichen Handschrift von Ärzten.

Ich hätte echt noch viele Fragen gehabt. Aber er wollte dann unbedingt weg. Und den Tod zu lange aufzuhalten, wäre schon wieder eine Hybris gewesen.

MATHEMATIK UND DIE MUTTER ALLER LISTEN

–

Auf nach Nangijala!

THE END

Noch viele Jahre nach meinem Schulabschluss hatte ich einen regelmäßigen Albtraum: Noch eine Woche bis zur Mathematura! Schweißgebadet wachte ich auf und realisierte: Nein, ich habe einen Vierer irgendwie ernudelt. Es ist vorbei. Nie wieder Wahrscheinlichkeitsrechnung. Zwei Tintenfische laufen durch die Wüste, der eine ist rot, der andere hat vier Arme mehr, wie viel wiegt die Palme, wenn es regnet? Ich habe mein Mathetrauma gelöst, indem ich aktiv geworden, mich in die Materie hineingearbeitet habe und belohnt wurde. Daher darf ich Ihnen zum Abschluss nun die revolutionäre, von mir selbst entworfene, Formel präsentieren.

$$L + L + L = L$$

Lesen und Laufen und Listen sind die Lösung.

Sie warten wahrscheinlich noch auf die ultimative Liste. Die bin ich Ihnen noch schuldig. Das ist eine riskante Sache, denn nun drohe ich doch in die Ratgeberecke abzudriften.

Gerne würde ich mich aus der Nummer herauslavieren. Gerade habe ich nachgelesen, ob das überhaupt das richtige Wort ist. Lavieren heißt im »Zickzack gegen den Wind segeln«. Eigentlich keine schlechte Sache. Apropos Segeln. Wenn wir nicht lesen würden, entgingen uns solche Zitate:

GRAHAM GREENE
Die Möwen über den Flussschiffen flogen tiefer, und der Pulverturm stand schwarz in winterlichem Licht zwischen den verfallenen Lagerhäusern. Der Mann, der die Spatzen gefüttert hatte und die Frau mit dem braunen Paket waren gegangen, und vor der U-Bahnstation schrien die Obstverkäufer wie Tiere in der Abenddämmerung. Es war, als gingen vor der ganzen Welt die Rollläden herunter; bald würden wir alle uns selbst überlassen sein.

Das ist so schön, dass ich es kaum ertragen kann und irgendwie auch eine dystopisch vorausahnende Corona-Beschreibung. Ich würde Ihnen gerne so etwas sagen wie: Finden Sie das doch selbst heraus, was Ihnen wichtig ist. Aber das wäre feige. Und das will ich wirklich nicht sein. Versuchen Sie herauszufinden, was Sie ausmacht. Sean Penn hat in einem Interview einmal gesagt:

SEAN PENN

Niemand nimmt sich mehr die Zeit zu werden, was er ist.

EDWARD ESTLIN CUMMINGS

Niemand als man selbst zu sein – in einer Welt, die Tag und Nacht ihr Bestes tut, um einen zu allen anderen zu machen, bedeutet die schwerste Schlacht zu kämpfen, die ein Mensch nur kämpfen kann und nie mit dem Kämpfen aufzuhören.

LISTE DER DINGE, AUF DIE ES ANKOMMT, UND FÜR ALLE, DENEN DAS ZU PATHETISCH IST: KLUGSCHEISSERALARM

1) Geben Sie der Zeit Zeit.

Versuchen Sie zu werden, wer Sie sind. (Das können ruhig viele sein.) Wird es uns gelungen sein, in der Zeit des Lockdowns auf uns selbst draufgekommen zu sein? Während einer Pandemie können plötzlich viele einen großen Teil dessen, was sie ausmacht, nicht mehr machen. Vielleicht ist der eine oder die andere aber draufgekommen, dass es vielleicht nicht das Richtige war, was man glaubte als Bestimmung zu haben. In jedem Fall lohnt es, dies immer wieder zu überprüfen. Mir ist bewusst geworden, dass mich Lesen immer ausgemacht hat. Und damit habe ich wieder angefangen. Ich hatte nie aufgehört, aber so richtig, für Stunden in Welten zu verschwinden, das ist mir in den letzten Jahren selten gelungen. Wie damals, als ich Astrid Lindgren entdeckte. Wenn ich mit Karlsson über die Dächer flog, oder mit Madita litt, weil sie von einem solchen gesprungen war und gemeinsam mit ihrer Schwester flüsterte:

ELISABETH

Du bist bestimmt verdreht, Madita.

Wer niemals nach Nangijala gereist ist, dem kann ich auch nicht helfen.

Lange habe ich überlegt, welche Bücher ich Ihnen empfehlen soll. Das ist aber gar nicht notwendig. Sie haben dieses gekauft, Sie haben Geschmack, daher will ich mir nur drei Schreibende herauspicken. Lesen Sie alles von W. Somerset Maugham. Er hat nicht eine lang-

181

weilige Zeile geschrieben. Lassen Sie sich von der verzweifelten, klugen und personifizierten Schlagfertigkeit Dorothy Parkers verzaubern und hören Sie auf den Schweizer Peter Bichsel. Eine kurze Zwischenliste gefällig? Hier bitte:

PETER BICHSEL

x Es geschieht etwas im Kopf beim Lesen, das nichts zu tun hat mit Inhalt und Information ...
x Nur wer Lust hat auf das Unverständliche, kann zum Leser werden, nur wer Lust auf das Verbotene hat, wird zum Leser – mit roten Augen und Taschenlampe nachts unter der Bettdecke ...
x Ich mag Übertreibungen nicht, aber ich glaubte, ich las um Leben und Tod – jene berühmte Aufgabe im Märchen, wenn es darum geht, die Prinzessin zum Lachen zu bringen oder zu sterben.
x Lesen ist eine Form von Zuhören.

Der Ich-Erzähler in Robertson Davies' Roman *Der fünfte im Spiel* versucht Bücher an die Front des Ersten Weltkrieges mitzunehmen. Beim ersten Angriff der Gegenseite muss er diese im Schlamm zurücklassen. Das Einzige, was ihm bleibt, ist eine Ausgabe des Alten Testaments. Also liest er diese. Immer und immer wieder. Und findet Freude daran. Einfach, weil er zumindest weiterlesen kann. Was für ein Luxus, dass wir auf viel mehr Literatur zurückgreifen können. Daher lautet Punkt zwei auf der finalen Liste:

2) Schreiben Sie Listen!

Fangen Sie mit einer Leseliste an und notieren Sie jeden Tag einen Gedanken, der Sie erfreut, bestärkt oder aufs Glatteis geführt hat. Bei mir war es gerade der Gedanke, dass ich noch so viel zu lesen habe und dass mich niemand davon abhalten kann. Vielleicht hat mich die Krise auch zu einer Schrulle gemacht. Vielleicht war ich es aber eh auch vorher schon.

Charles Darwin schrieb übrigens auch Listen. Und zwar Pro- und Contra-Listen. Vor seiner Hochzeit schrieb er zum Beispiel eine, bei der er sich Fragen stellte: »Lohnen sich Kinder?« Oder: »Was tun, wenn meiner Frau London nicht gefällt?« Auch hatte er Angst, dass ihn der Familientrubel vom Arbeiten abhalten könnte. Warum er trotzdem eine Familie gründete? Wahrscheinlich, weil er doch nicht allein sein wollte, abends beim Lesen am Feuer, der gute alte Charles.

Leben wird ja nach vorwärts gelebt und rückwärts verstanden. Viele große Entscheidungen werden sehr schnell und unüberlegt getroffen. Wir sagen dann gerne »aus dem Bauch heraus« dazu. Ich habe mir aus einer Laune ein Haus gekauft, ohne zu überlegen, ob ich Zeit finden würde, dort auch zu sein und ohne zu wissen, wie ich den Kredit werde zurückzahlen können. Ich vermute, dass ein Grund ist, warum wir Literatur, Filme, Serien, kurz Geschichten brauchen, weil sie dem Mysterium von Entscheidungen auf den Grund gehen. Viele Menschen haben ja auch deswegen Angst davor, weil jede Entscheidung für etwas oder jemanden naturgemäß auch eine Entscheidung gegen unendlich viele andere Optionen ist. Walter White aus *Breaking Bad* ist damit konfrontiert, dass er todkrank ist, und nun will er seiner Familie etwas hinterlassen. Er trifft sehr rasch eine – nun ja weitreichende Entscheidung … Der Rest ist längst Geschichte und ein Epos, das uns mehr über das Leben lehrt als viele Schuljahre. Wir schauen, lesen oder hören solche Geschichten und schaffen es im besten Fall durch sie zu AutorInnen unseres eigenes Lebens zu werden. Zumindest ist das für mich ein sehr wichtiges Ziel: vom Leser, Hörer, Zuschauer meines Lebens zum Headautor oder im besten Fall Showrunner zu werden.

Anmerkung: Ich bin der festen Überzeugung, dass William Shakespeare, würde er heute leben, als Show-Runner für HBO arbeiten würde.

Von Herodot ist überliefert, dass die Perser Entscheidungen immer zweimal diskutierten, bevor sie zu einer finalen Lösung fanden. Einmal nüchtern und einmal betrunken. Ich finde das sehr gut. Punkt drei auf der ultimativen Liste lautet daher:

3) Seien Sie wie die Perser!
(Und werden Sie Showrunner Ihres Lebens)

Aber dann muss die Entscheidung auch her, denn merke: Wer sich alle Türen offen hält, wird sein Leben auf dem Gang verbringen.

4) Zum Genuss gehört der Verzicht.

Ich will den Rausch und die Unvernunft zelebrieren, aber nicht schwammig und unverlässlich werden. Also muss beides Platz haben. Die Nüchternheit kann schon sehr schön sein, aber das Problem ist, man wird beim Trinken immer betrunkener, aber nüchtern halt irgendwann nicht mehr nüchterner. Und eines gilt aber definitiv: Das Leben ist zu kurz, um es nicht zu genießen.

5) Schaffen Sie sich analoge Rituale
in Ihrem Leben.

Das ist mir selbst beim Schreiben dieses Buches so bewusst geworden. Ich finde analoge Zonen sehr wichtig. Mein Schreibtisch ist neuerdings in zwei strikt getrennte Hälften geteilt. Analog und digital. Das führt mich zu einem Frevel. Ich werde Tocotronic, deren erstes Album *Digital ist besser* heißt, nun ein einziges Mal widersprechen. Analog ist besser. Aufstehen, das beste Hemd anziehen und vor die Tür gehen.

6) Vergleichen Sie sich nicht.

Der Kollege Klaus Eckel hat mir erzählt, dass er eines Tages das Mittel gefunden hat, Neid hinter sich zu lassen.

KLAUS ECKEL
Vergleiche dich nicht mit anderen, sondern nur mit deinen Möglichkeiten. Da sei aber sehr kritisch.

Das ist ein sehr gutes Werkzeug, mit dem wir es selbst in der Hand haben. Es muss auch nicht alles sofort funktionieren. Die Philosophin Agnes Callard argumentiert:

AGNES CALLARD
Wir streben nach Selbsttransformation, indem wir uns an den Werten versuchen, von denen wir hoffen, sie eines

184

Tages zu besitzen, so wie wir vielleicht eine Pose im
Spiegel einnehmen, bevor wir zu einem Date aufbrechen.

Sie unterscheidet allerdings, und das halte ich für sehr wesentlich,
zwischen Bestreben und Ehrgeiz. Bestreben ist lustvoll, Ehrgeiz ist
meistens ein Krampf.

7) Nehmen Sie sich nicht so ernst.
    Die anderen tun es auch nicht.

Sieben ist meine Lieblingszahl. Daher versteckt sich dieser Punkt
an letzter Stelle. Ein Beispiel dafür fällt mir ein: Stevie Wonder
hat getwittert:

STEVIE WONDER
Trump wählen ist wie mich zu fragen, ob ich fahren will.

Und schon Jane Austen wusste:

JANE AUSTEN
Wozu leben wir denn, wenn nicht, um unseren Nachbarn
zur Belustigung zu dienen und dafür auch über sie zu
lachen?

Alt werden ist mühsam, aber besser als jung sterben. Ohne Selbstironie
zu altern ist gefährlich.

Ich merke, dass ich mich durchs Schreiben besser kennenlerne.
Mir bleibt die Hoffnung, dass Ihnen dieses Buch vielleicht ein paar
neue Ansichten gebracht hat und Sie vielleicht für die eine oder
andere Sache ein wenig motiviert oder gar begeistert hat. Thomas
Bernhard sagt:

THOMAS BERNHARD
Beim Schreiben geht es immer darum,
ein Ungeheuer zu töten.

Mein Ungeheuer halten Sie also in Händen. Es war ein langer Weg,
aber er hat mir große Freude gemacht. Mit zwanzig wollte ich einen
Oscar gewinnen, ab vierzig weiß ich, dass sich die Wirklichkeit nicht
immer nach den Plänen richtet, die man für sie macht.

Und jetzt sitze ich wieder im Kinderkino, bei H&M in Berlin,
und ich schau' auf die Straße:
da gehen sie alle mit ihren Biografien.
Und alle sind anders
und wo ist das, was sie suchen, ist es noch weit?
Ja, alle sind anders und alle sind gleich, wir sind alle
Kunden der Zeit.

Ich habe aufgehört, nach Antworten zu suchen. Die passenden Fragen reichen aus und sind schwer genug zu finden. Die Kinder helfen mir dabei. Jeden Tag. Ich bin ihnen sehr dankbar dafür. Sie bringen mich zum Lachen, und sie zwingen mich, hoffnungsvoll zu bleiben. Außerdem haben Sie mir ein neues Bewusstsein verschafft. Alles, was ich über Zen-Buddhismus weiß, habe ich gelernt, wenn ich es im Grunde eilig hatte, die Kinder aber andere Pläne verfolgten.

EINE LETZTE KLEINE SUBLISTE FÜR MEINE
TÖCHTER IN LIEBE

1) Nein, ich werde es heute nicht in die
   Arbeit schaffen, mein Kind erzählt
   gerade einen seiner genialen Witze. Ich
   melde mich gegen Mittag, wenn es damit
   fertig ist.
2) Der Koch hat Kräuter auf das
   Kinderschnitzel getan. Er hätte auch
   draufkotzen können.
3) Ich habe vor, meiner Tochter die
   Fingernägel zu schneiden. Naja, ich
   fang' doch mit etwas Einfacherem an.
   Ich rasiere dem Tiger im Zoo den Sack.

4) Der Freund meiner Tochter, er ist vier,
   hat ein kleines Pflaster am Finger und
   erzählt, er habe sich geschnitten und
   wäre beinahe gestorben. Er ist schon
   jetzt ein richtiger Mann.

Auf dem Gang treffe ich Polly aus Kapitel 1. Wir grüßen einander. Auf ihrem T-Shirt steht:

I AM THE HERO OF THIS STORY, I DON'T NEED TO BE SAVED!

Quellen

Vorwort

Blumfeld: *Strobohobo*

Ferdinand von Schirach: *Verbrechen.* München, Piper, 2009

Peter Bichsel: *Ein Treffen mit dem Schriftsteller über sein Werk.* Salamanca, Edition Universidad Salamanca, 1994

Kid Kopphausen: *Das Leichteste der Welt*

1

Bernard Glassman. In: Frank Berzbach: *Die Kunst, ein kreatives Leben zu führen.* Mainz, Hermann Schmidt Verlag, 2013

Loriot: *Bitte sagen Sie jetzt nichts. Gespräche.* Zürich, Diogenes, 2011

Gustave Flaubert. In: Austin Kleon: *Steal like an Artist.* Avon, Adams Media, 2014

Tocotronic: *Kapitulation*

Andreas Rebers: *Auf Kamelen durch Berlin*

Gebrüder Moped: *Heute gehört uns Österreich und morgen die ganze Scheibe.* Wien, Milena, 2018

2

Christine Nöstlinger: *Freunde darf man nicht enttäuschen, und gute Freunde tauscht man auch nicht aus.* (Interview)

Hellmuth Karasek: *Muttersöhnchen hart an der Pensionsgrenze.* In: Daniel Keel (Hg.): *Loriot und die Künste.* Zürich, Diogenes, 2003

Alfred Dorfer: *Badeschluss*

3

Paul Auster: *Die Musik des Zufalls.* Hamburg, Rowohlt, 1992

Peter Bichsel: *»Rechtschreibung ist nichts anderes ...«* (Frankfurter Vorlesungen)

Peter Bichsel: *Schulmeistereien.* Frankfurt am Main, Suhrkamp, 1985

Bernhard Viel: Egon Friedell. *Der geniale Dilettant.* München, C.H. Beck, 2013

Hermann Hesse: *Unterm Rad.* Frankfurt am Main, Suhrkamp, 2007

Peter Bichsel: *Das ist schnell gesagt.* Berlin, Suhrkamp, 2011

Peter Bichsel: *Erwachsenwerden.* 1979

Wilhelm Genazino: *Zur Belebung der toten Winkel.* München, Hanser, 2006

4

Christoph Schlingensief: *So schön wie hier kanns im Himmel gar nicht sein!* Köln, Kiepenheuer & Witsch, 2009

Kante: *Ich hab's gesehen*

William Somerset Maugham: *Theater.* Zürich, Diogenes, 1975

Tocotronic: *Wir sind viele*

Haruki Murakami: *Von Beruf Schriftsteller.* Köln, Dumont, 2018

Kettcar: *Ich danke der Academy*

The National: *Afraid of Everyone*

Violetta Parisini: *Alles bleibt*

5

Groucho & Marx: *Zwei Autobiografien von Groucho Marx.* Zürich, Atrium Verlag, 2010

Robert Schumann: *Licht senden in die Tiefen des menschlichen Herzens – des Künstlers Beruf.* https://www.aphorismen.de/zitat/59141

Erich Kästner: *Der Zauberlehrling.* Zürich, Atrium Verlag, 2016

Alex Kristan: Interview für das Gesprächsformat *»Auf dem roten Stuhl«*

Lucien Freud: *Wenn ich überhaupt ein Geheimnis habe ...* (Seite 66)

Austin Kleon: *Steal like an Artist.* Avon, Adams Media, 2014

John Cleese. In: Austin Kleon: *Steal like an Artist.* Adams Media 2014

David Foster Wallace: *Das hier ist Wasser.* Köln, Kiepenheuer & Witsch, 2005

Judy L. Hasday: *Agnes de Mille.* Chelsea House Publishers, New York, 2004

Arthur Schopenhauer: *Hoffnung ist die Verwechslung des Wunsches einer Begebenheit mit ihrer Wahrscheinlichkeit.* https://www.aphorismen.de/zitat/5527

6

Kettcar: *Kein Außen mehr*

Roger Willemsen: *Der Knacks.*
Berlin, S. Fischer Verlag, 2009

Loriot: https://www.youtube.com/
watch?v=1f0I06J4y3E&feature=youtu.be&fb-
clid=IwAR2YlQjq9IBVUmS_PzdcaVK0XdX-
2kxaTp_WyJcsF04mUcO4zYGIB5eY3syM

David Bowie bei Austin Kleon: s.o.

Tocotronic: *Gegen den Strich*

André Heller bei der TV-Show
»Willkommen Österreich«

William Somerset Maugham: *Theater.*
Zürich, Diogenes, 1975

Jim Jarmusch: *MovieMaker.* Los Angeles, 2004

7

Stanley Kubrick: *Ich kenne alle ihre Namen und
wünsche ihnen noch immer den Tod.*
https://de.wikipedia.org/wiki/Stanley_Kubrick

Oskar Werner: *Ich spreche mit Eunuchen nicht
über die Liebe.* http://elfriedejelinek.com/
andremuller/oskar%20werner.html

Oliver Jungen in der *»Frankfurter
Allgemeine Zeitung«*

Loriot: *Bitte sagen Sie jetzt nichts. Gespräche.*
Zürich, Diogenes, 2011

Alfred Dorfer: *Badeschluss*

Rocko Schamoni: *Der Unterschied zwischen
Hoch- und Subkultur ist …* https://www.
augustin.or.at/documents/article-docs/arti-
cle-2218/augustin_342_fertig_klein.pdf

9

Bertrand Russell: *Lob des Müßiggangs.*
Wien, Zsolnay, 1957

Bertrand Russell: *Unpopuläre Betrachtungen.*
Köln, Anaconda, 2018

Sibylle Berg: *Der Tag, als meine Frau einen
Mann fand.* München, Hanser, 2015

DER STANDARD. *Microsoft Japan: Vier-
tagewoche macht produktiv* https://www.
derstandard.at/story/2000110686508/micro-
soft-japan-viertagewoche-macht-produktiv

Das Friedell-Lesebuch. Zürich, Diogenes, 2009

10

Leonardo da Vinci: *Der Zeugungsakt und die
ihm dienenden Organe …* In: Leonardo da Vinci:
Ein historischer Roman von Dmitri S.
Mereschkowski, nexx Verlag, 2015, Seite 424

Christine Nöstlinger: *Glück ist was für
Augenblicke.* Wien, Residenz Verlag, 2013

Tocotronic: *Digital ist besser*

Blumfeld: *Lass uns nicht von Sex reden*

11

Karl Kraus: *Die Psychoanalyse ist die
Krankheit, für deren Heilung sie sich hält.*
Gesammelte Werke, Frankfurt am Main,
Suhrkamp, 1984

Mihály Csíkszentmihályi: *Flow.
Das Geheimnis des Glücks.*
Stuttgart, Klett-Cotta, 2017

Haruki Murakami: *Wovon ich rede, wenn
ich vom Laufen rede.* Köln, Dumont, 2011

Christian Spiller: *Laufen? Jetzt erst recht.*
https://www.zeit.de/sport/2020-03/
sport-laufen-corona-isolation

Tom Hodgkinson: *Die Kunst, frei zu sein.*
München, Heyne, 2006

Harald Juhnke: *Keine Termine und leicht
einen sitzen.* https://www.tagesspiegel.de/
berlin/zum-90-geburtstag-von-harald-
juhnke-keine-termine-und-leicht-einen-
sitzen/24439050.html

Jack London: *König Alkohol.*
München, dtv, 2014

Helge Timmerberg: *Drogen sind unsere Musen,
und ich gehöre nicht zu denen …* https://www.
bz-berlin.de/berlin/helge-timmerberg-geld-
ist-wie-wasser-es-muss-fliessen

Eubolos. In: Mark Forsyth. *Eine kurze Geschichte
der Trunkenheit. Der Homo alcoholicus von der
Steinzeit bis heute.* Stuttgart, Klett-Cotta, 2017

Die Bibel

Ernest Hemingway. In: Cleo Rocco:
Der gepflegte Rausch. Hamburg, Rowohlt, 2015

Napoleon: *Nach dem Sieg verdienst du Champagner. Nach der Niederlage brauchst du ihn.*
https://www.welt.de/icon/essen-und-trinken/
article194433939/Champagner-Party-Nach-
dem-Sieg-verdienst-du-ihn-nach-der-Nieder-
lage-brauchst-du-ihn.html

Mark Twain: *Zuviel ist von allem schlecht.
Zuviel Champagner ist genau richtig.*
https://www.falstaff.at/nd/champagner-in-
aller-munde/

Amélie Nothomb: *Die Kunst, Champagner zu
trinken.* Zürich, Diogenes, 2017

Charles Jackson: *Das verlorene Wochenende.*
Zürich, Dörlemann, 2014

Truman Capote: *Um gut schreiben zu kön-nen, muss man etwas Kühleres in den Adern haben als Blut.* https://www.zitate.de/autor/Capote%2C+Truman

Peter O'Toole: *And then we bought the Bar!* (Seite 133)

12

Klaus Eckel: Interview für das Gesprächs-format *»Auf dem roten Stuhl«*

Claudia Endrich: *Das nächste Mal bleib ich daheim. Umweltbewusstsein im Gepäck.* Wien, Edition Atelier, 2020

Das Friedell-Lesebuch. Zürich, Diogenes, 2009

Ferdinand von Schirach: *Wenn Langeweile zur Kunst wird* https://www.gala.de/stars/news/starfeed/ferdinand-von-schirach--wenn-langeweile-zur-kunst-wird-20209626.html

Loriot: Quelle siehe oben

Raimund Fellinger, Martin Huber, Julia Ketterer, Thomas Bernhard, Siegfried Unseld: *Der Briefwechsel.* Berlin, Suhrkamp, 2010

13

Tom Hodgkinson: *Die Kunst, frei zu sein.* München, Heyne, 2006

Gert Voss: *Je älter ich werde, desto schwieriger ist es nicht an Gott zu glauben.* (Seite 148)

André Heller: *Eine Meinung haben und auf den Strich zu gehen, sind eben unterschiedliche Dinge.* In: *André Heller: Feuerkopf. Die Biografie.* Christian Seiler, Bertelsmann, 2012

André Heller: *Im tiefsten Keller sitzen die Ratzen und je tiefer man in sich gräbt …* (Interview)

14

Marcus Täuber, Pamela Obermaier: *Das Prinzip der Mühelosigkeit. Warum manchen alles gelingt und andere immer kämpfen müssen.* Berlin, Goldegg Verlag, 2019

15

Sigi Bergmann: *Das ist so ein komplexes Thema! Eigentlich denke ich an Kunst, an Tanz …* (*»Falter«*-Interview)

David Foster Wallace: *Roger Federer as religious experience.* In: *»New York Times«* 2006 https://www.nytimes.com/2006/08/20/sports/playmagazine/20federer.html

Scottie Pippen: *Michael hatte diesen Blick. Er war in einer Welt, zu der nur er Zutritt hatte.* (Seite 165)

Nicolas Cage: *Wenn du ein guter Schauspieler sein willst, musst du etwas von einem Kriminellen haben. Sonst wird sich keiner je an dich erinnern.* (Seite 166)

Miles Davis: *When you hit a wrong note, it's the next note that makes it good or bad.* http://www.openculture.com/2018/04/herbie-hancock-explains-the-big-lesson-he-learned-from-miles-davis.html

Thomas Pletzinger: *The Great Nowitzky. Das außergewöhnliche Leben des großen deutschen Sportlers.* Köln, Kiepenheuer & Witsch, 2019

Emil Zatopek: In: Sandra Mastropietro: *Läuferleben. Von Freude und Schmerz – Gedan-ken über den schönsten Sport der Welt.* München/Grünwald, Verlag Komplett Media, 2016

16

Mihály Csíkszentmihályi: *Flow. Das Geheimnis des Glücks.* Stuttgart, Klett-Cotta, 2017

J.H. Holmes. In: Mihály Csíkszentmihályi: *Flow. Das Geheimnis des Glücks.* Stuttgart, Klett-Cotta, 2017

Tocotronic: *Macht es nicht selbst*

17

Graham Greene: *Das Ende einer Affäre*, Wien, Zsolnay, 1953

Sean Penn: *Niemand nimmt sich mehr die Zeit zu werden, was er ist.* https://www.zeit.de/2008/05/Interview-Sean-Penn/seite-3

Edward Estlin Cummings (Wikipedia)

Peter Bichsel: *Das ist schnell gesagt.* Berlin, Suhrkamp, 2011

Agnes Callard: *Wir streben nach Selbsttrans-formation, indem wir uns an den Werten versu-chen, von denen wir hoffen, sie eines Tages zu besitzen, so wie wir vielleicht eine Pose im Spiegel einnehmen, bevor wir zu einem Date aufbrechen.* (Seiten 184/185)

Stevie Wonder: https://eu.usatoday.com/story/news/politics/onpolitics/2016/11/07/stevie-wonder-drives-home-point-against-trump/93460686/

Jane Austen: *Stolz und Vorurteil.* München, dtv, 2016

Raimund Fellinger, Martin Huber, Julia Ketter-er, Thomas Bernhard, Siegfried Unseld: *Der Briefwechsel.* Berlin, Suhrkamp, 2010

Funny Van Dannen: *Kunden der Zeit*

© Harald Eisenberger

✳ 1975

Manuel Rubey ist ein österreichischer Künstler mit sozialem und politischem Engagement. Seit seiner Verkörperung der Titelrolle in »Falco – verdammt wir leben noch« 2008 ist er einem breiten Publikum bekannt. Zahlreiche Film- und Fernsehproduktionen folgten (z. B. »Braunschlag«, »Altes Geld«, »Gruber geht«, »Was hat uns bloß so ruiniert«; internationale Beispiele: diverse »Tatort« in Deutschland, »Borgia« u. a.). Er sollte 2020 mit seiner aktuellen Band »Familie Lässig« und seinem Soloprogramm »Goldfisch« durch die Lande touren … Manuel Rubey wurde mit zahlreichen Preisen ausgezeichnet. Er lebt mit seiner Familie in Wien und im Waldviertel.

Doris Priesching hat bereits erfolgreich die Lebensgeschichten von Erni Mangold, Ursula Strauss und Christine Nöstlinger aufgezeichnet, nun hat sie für den Molden Verlag eng mit Manuel Rubey an seinem ersten Buch gearbeitet. Doris Priesching ist seit 1990 Journalistin bei der Tageszeitung *Der Standard* mit Schwerpunkt Medien und Fernsehen.

THANK YOU FOR READING!

Aktuelles zu Manuel Rubey finden Sie auf
www.manuelrubey.com

Möchten Sie mit Manuel Rubey in Kontakt treten?
Wir freuen uns auf Austausch und Anregung unter
leserstimme@styriabooks.at

Inspirationen, Geschenkideen und
gute Geschichten finden Sie auf
www.styriabooks.at

© 2020 by Molden Verlag
in der Verlagsgruppe Styria GmbH & Co KG
Wien – Graz
Alle Rechte vorbehalten.
ISBN 978-3-222-15057-9
Bücher aus der Verlagsgruppe Styria gibt es
in jeder Buchhandlung und im Online-Shop
www.styriabooks.at

Projektleitung: Ulli Steinwender, Sophie Wolf
Cover- und Buchgestaltung: Ursula Feuersinger
Redaktionelle Mitarbeit: Doris Priesching
Lektorat: Ulli Steinwender
Korrektorat: Philipp Rissel
Fotos: © Manuel Rubey privat

Druck und Bindung: Finidr
Printed in the EU
7 6 5 4 3